Ceci est ton corps

Gabriel Ringlet

Ceci est ton corps

Journal d'un dénuement

Albin Michel

© Éditions Albin Michel, 2008

*À celles et ceux,
proches ou plus lointains,
qui, pendant huit mois,
t'ont accompagnée. Si bien.*

« Consens au souffle qui dénude
Dévêtu jusqu'à la moelle de l'âme. »

Gilles Baudry, *Présent intérieur*

« Oui, la parole s'est faite chair. »

Jean 1, 14

Invitation

Entre le 26 juin 2005 et le 25 février 2006, j'ai accompagné une personne très proche, traversée par un cancer qui allait se généraliser. D'autres ont vécu cette expérience singulière, unique par bien des aspects, et toujours inédite. À chaque fois un chemin à inventer. On ne pourra jamais cloner un accompagnement.

Sur ce sentier au bord du précipice, chacun avance comme il peut. « Ne prenez rien pour la route, disait Jésus à ses disciples, sauf un bâton[1]. » Pour ne pas tomber, j'ai pris mon bâton d'écriture. J'ai ouvert un cahier et chaque soir, ou presque, j'y ai semé quelques cailloux dans le secret espoir de retrouver, plus tard, les traces de mon chemin.

Ces mots mal dégrossis n'étaient pas destinés

---
1. Marc 6, 8.

Ceci est ton corps

à être partagés. Surgissant en moi comme dans une sorte d'instinct de survie, je n'avais pas prévu qu'ils quitteraient le journal qui les avait vus naître. N'était-ce pas suffisant qu'ils accompagnent mon accompagnement ? Alors pourquoi les faire sortir de la clandestinité ? Qu'est-ce qui m'a pris de porter au grand jour, au risque de les brûler – de me brûler –, ces paroles de traversée nocturne ?

Avec un peu de recul, je crois comprendre qu'il s'est passé ceci de très particulier, qui ne m'était jamais arrivé : ces mots sauvages et de sauvetage, j'ai vu qu'ils venaient de plus loin que je n'imaginais, que je ne pouvais pas taire ce qui avait grandi dans l'intime de cet accompagnement, qu'il y avait urgence à partager une parole enfouie depuis longtemps au plus profond de mon sacerdoce. Une parole enracinée en terres bibliques, certes, et qui, sans renier le vêtement paysan de sa parenté, espère aussi rejoindre au-delà du clan.

Au départ, donc, un journal « brut de décoffrage », comme me disait un ami. L'expression me paraît très juste. Quand on retire les planches de soutien, on se trouve devant la rudesse d'une écriture mal équarrie. C'est l'écriture surgissement.

Ensuite, j'ai voulu me souvenir. Me souvenir par l'écriture. Me souvenir dans l'écriture et appeler le souvenir à se faire mémoire. Rejoindre mes mots pour découvrir qu'ils n'étaient pas seulement les miens. Chercher des traces de pluriel – oserais-je écrire d'universel ? – dans une poussière si singulière. L'écriture mémoire.

Ce n'était pas suffisant. Ou plutôt, c'était bien trop. Trop de mots encore pour dire le « si peu ». Alors, je suis entré dans le grand silence monastique. Pour alléger. Je veux dire pour m'alléger. Car comment raconter un dévêtement sans se dévêtir soi-même ? Et sans consentir « au souffle qui dénude » ? L'écriture dénuement.

Ce journal évoque cinq dénuements. Mais les cinq n'en font qu'un lorsque, d'abandon en abandon, ils deviennent « une seule chair ». Et Dieu vit que cela était « vraiment bon[1] ». Ainsi, au tout début déjà, dès la Genèse, la Bible invite à quitter : « Oui, l'homme quitte son père et sa mère pour s'attacher à sa femme. Ils ne sont qu'un[2]. » Il m'en faudra du temps pour accueillir la « bonté » de tous ces « départs » qui ne sont qu'un.

---

1. Genèse 1, 31.
2. Genèse 2, 24.

Ceci est ton corps

Quitter, dans l'histoire qui va suivre, c'est d'abord quitter son corps. Un *dénuement charnel* au sens premier du terme. Un corps dont on enlève les organes dans une sorte d'effeuillage chirurgical. Mais on peut être nu tout en étant ardent, et dévoiler, dans ce dévêtement primordial, un peu de la chair céleste.

Quitter son corps, c'est aussi, souvent, quitter son lieu. Un *dénuement géographique*. Quitter la maison. Y revenir. La quitter un peu plus. Quitter une clinique pour une autre, une chambre pour une autre, un jardin pour un autre jardin. Et habiter, malgré tout. Continuer d'habiter à travers l'exil. Et tenter de se réapproprier, de déménagement en déménagement, ce lieu si réduit dont on devient l'humble locataire. Mais le tout petit donne parfois naissance au très grand. Une chambre d'hôpital peut engendrer l'inouï.

Quitter son corps et quitter son lieu poussent parfois à quitter son Dieu. Un *dénuement spirituel*. Oser s'éloigner d'une religion affirmée et découvrir la force d'une religion dépouillée. Crier. Protester. Chercher Dieu au-delà de Dieu. Et s'étonner de l'entendre protester le premier.

Quitter son corps et quitter son Dieu, et quitter le lieu du corps par excellence, la Dernière Cène, pour rejoindre le jardin de

Ceci est ton corps

Gethsémani. Ne plus rien avaler et communier quand même. Un *dénuement eucharistique*. Le pain lui aussi sera dépouillé. Impossible à manger. Et le vin ? Impossible à boire. Est-ce encore une messe, la messe en réduction de pain et de vin ?

Quitter plus encore. Plus qu'un Dieu et plus qu'un lieu, plus qu'un pain brisé et qu'un vin versé. Devancer un adieu à l'heure d'entrer dans cette solitude de si grande proximité. Un *dénuement affectif*. Quand une caresse s'éloigne et qu'un toucher se fait de plus en plus léger comme si la main, elle aussi, devait apprendre à s'écarter… ce n'est pas moins aimer, c'est aimer plus.

En disant les trois écritures et les cinq dénuements, ai-je invité au livre dans son entier ? Je croyais que oui et qu'il appartenait alors au lecteur d'y entrer, jour après jour. Des amis qui ont vécu cette rude aventure à mes côtés m'ont pourtant fait remarquer qu'il manquait encore quelque chose : je ne disais rien des personnages de ce récit… Il y a bien un « tu », reconnaissaient-ils, oui, c'est le premier mot du journal, et on aura deviné à la dédicace qu'il s'agissait d'une femme. Mais qui est-elle ? D'où vient-elle ? Quel est son âge ? Son prénom n'est même pas donné.

Ceci est ton corps

Et un « je », évidemment, le narrateur, l'auteur, un prêtre. Donc, un prêtre et une femme ! Est-ce que cela ne mérite pas un mot d'explication ? J'ai failli dire non. Protester. Refuser de m'engager sur ce terrain qui était pour moi celui de la régression... Comme si ce n'était pas « tout naturel ». Depuis quand faut-il rendre compte d'une évidence ? Pour une fois – et ce n'est pas coutume –, l'apôtre Pierre m'est venu en aide, qui m'a glissé dans l'oreille ce qu'il écrivait déjà aux chrétiens d'Asie Mineure : « Soyez toujours prêts à justifier votre espérance devant ceux qui vous en demandent compte. Mais que ce soit avec douceur et respect[1]. » Il s'agit bien d'espérance, en effet, au-delà des questions que peut susciter ce chemin qui, à mes yeux, va de soi.

À cet endroit précis, je souhaite témoigner qu'à la veille de mon ordination sacerdotale, et même si ce serment ne valait que pour moi, je me suis engagé à devenir un prêtre qui ferait toujours place à la femme dans l'Église, un prêtre pour qui la présence d'une femme serait une bonne nouvelle, accueillie joyeusement, en très heureuse harmonie avec sa vocation. Et j'ai tenu parole. N'y voyez pas un orgueil déplacé

---

1. Première Épître de Pierre 3, 15-16.

Ceci est ton corps

et moins encore une provocation, mais l'humble bonheur d'une proximité pour plus d'Évangile, pas pour moins. Et cette proximité n'est jamais venue nier mon sacerdoce.

Qu'on ne me parle pas trop vite du « risque encouru » et du « nécessaire devoir de prudence ». Je ne connais plus ces mots-là, qui ont étouffé bien plus qu'ils n'ont sauvé. Il y a urgence. Urgence à guérir. Urgence à toucher. Urgence à aimer.

Pouvez-vous comprendre ? Comprendre qu'il y a là un enjeu qui me dépasse, fondateur, où se joue une partie de l'avenir de l'institution à laquelle j'appartiens pleinement ? Comprendre que la tradition elle-même – les meilleurs témoins peuvent en attester – encourage à dire charnellement toute la force de l'aventure spirituelle ? De cela, oui, je veux bien rendre compte. Qu'un « tu » importe pour moi, et que c'est normal, et que l'affection donne plus encore rendez-vous à l'heure de la blessure, et que ce chemin de crête je le vive comme profondément évangélique, cela, j'ai bonheur à en témoigner.

« Que vont penser les autres ? » demande Lytta Basset quand elle confie, elle aussi, une voie un peu inhabituelle après la mort de son fils. Comme j'aime les mots qui suivent : « On n'en est plus là… et on s'apercevra peu à peu que c'est irréversible[1]. » Voilà exactement ma disposition d'esprit : je n'en suis plus là et c'est irréversible.

« Mais le titre ? m'a demandé un proche. Tu vas vraiment garder *Ceci est ton corps* ? Mesures-tu l'énormité ? » Oui, je mesure. Je mesure surtout l'énormité de la « trahison » quand la tradition s'éloigne de sa source la plus vive. « Il y a un traditionalisme qui use à mort tout ce qu'il manipule, observe le philosophe et théologien Maurice Bellet, et spécialement ce qui lui paraît le plus précieux et le plus rare. Ce qui se présentait comme une irruption bouleversante devient doctrine à croire, pratique obligée ; en y ajoutant pour les âmes élevées l'affectif de la piété[2]. » Énormité, c'est vrai, et je l'assume d'autant plus que durant ces huit mois de compagnonnage, je me suis trouvé plongé comme jamais au cœur d'une messe dont je ne savais pas qu'elle pouvait encore me retourner à ce point. Après trente-six ans de célébration, malgré et à travers la souffrance, j'ai rencontré la joie du premier étonnement.

---

1. Lytta Basset, *Ce lien qui ne meurt jamais,* Paris, Albin Michel, 2007, p. 85.
2. Maurice Bellet, *La Chose la plus étrange,* Paris, Desclée de Brouwer, 1999, p. 13.

Ceci est ton corps

Il n'est pas possible de rejoindre l'eucharistie sans mesurer d'abord la sensualité de l'Évangile. Jésus touche et se laisse toucher, il caresse et se laisse caresser, il voit et fait voir, il entend et fait entendre, il transpire, il crache, il mange, il boit et, en bon juif, il ne sépare pas le charnel et le spirituel. Il ne confond pas non plus. Mais si « Dieu est amour », il révèle que l'amour prend corps et, mieux encore, il prend soin du corps, à commencer par le plus meurtri. Nous voilà déjà au cœur de la brisure que raconte ce livre : prendre soin de « ton corps » n'est pas étranger au partage du pain.

« Ceci est mon corps… donné pour vous. » Mais ton corps à toi, à qui et à quoi est-il donné ? Comment vais-je l'arracher à la mort ? Qu'est-ce que je dis quand je dis : « Ceci est ton corps » ?

Je parle d'abord, concrètement, d'un corps qui est là, dans un fauteuil, sur un lit, à table parfois, souvent douloureux, lumineux aussi. Un corps multiple parce qu'il est chair vivante (*basar* en hébreu), conscience (*néfesh*), cœur (*lèv*), souffle (*ruâh*), et donc fragilité. Un corps faillible et transitoire. J'aime qu'au Livre des

Ceci est ton corps

Nombres, dans un contexte particulièrement violent, Moïse et Aaron s'adressent à Yhwh en l'appelant « Dieu des souffles de toute chair[1] »... Un corps plus habité encore, plus vivant quand les souffles s'amenuisent et que je dois tendre l'oreille pour entendre la légèreté de leurs murmures.

Ce corps-là, je l'accompagne. N'est-ce pas chose précieuse déjà, puisque l'accompagnement au sens étymologique – *cum pane* – est un partage du pain ? Un viatique. Ceci est ton corps et je fais route avec lui.

Ce corps-là, il m'arrive aussi de le rafraîchir. Comme au soir du Jeudi saint. Et en clinique, c'est souvent Jeudi saint. Lors de la Dernière Cène, Jean est seul à raconter le lavement des pieds : « Jésus se lève de table, dépose ses vêtements et prend un linge qu'il noue autour de ses reins. Puis, ayant versé de l'eau dans une bassine, il commence à laver les pieds de ses disciples et à les essuyer avec le linge[2]. » Ça paraît tout simple et c'est immense. D'abord, Jésus quitte ses vêtements. Tous ses vêtements. À la manière juive, il sait qu'« on sort de la vie aussi nu qu'on y

---
1. Nombres 16, 22.
2. Jean 13, 4-5.

Ceci est ton corps

est entré[1] ». Puis, comme un esclave, le dernier, l'étranger, dévêtement suprême, il noue un linge autour de sa taille et se met au travail. Son propos n'est pas de nettoyer les pieds, mais de dire qu'on va d'abord vers Dieu par le bas, par l'humilité, donc par les pieds ! Cette célèbre « ablution » n'est pas affaire de propreté – c'est la théologie qu'il s'agit de rafraîchir ! La preuve, il se rhabille, reprend place à table et demande : « Comprenez-vous ce que je viens de faire[2] ? » Comprenez-vous la proximité entre le pain qui saigne et l'eau qui s'écoule ? Un mot relie la bouche et les pieds : servir. Chez Jean, le service du frère n'est pas une « application » mais l'essence même de l'eucharistie.

Ainsi, prendre le pain, le soulever et dire : « Ceci est mon corps », c'est aussi, dans le même mouvement, te soulever et affirmer : « Ceci est ton corps. » Parce que ton corps est plus que ton corps et le sien plus que le sien.

Célébrer l'eucharistie, même dans le secret d'une chambre, même avec une seule personne, même sans personne comme il arrive quelque-

---

1. Jean Grosjean, *L'Ironie christique,* Paris, Gallimard, 1991, p. 202.
2. Jean 13, 12.

fois, c'est d'abord se dévêtir et prendre dans ses mains l'existence des hommes. C'est empoigner la peine et la joie, la violence et la douceur, la chair et le sang... et les faire traverser. Car il s'agit bien de franchir une frontière, d'entrer sur une nouvelle terre, de la retourner et d'y planter des « germes de transfiguration[1] ».

Ne serait-ce pas, finalement, le seul mot qui rassemble ce journal émietté ? Et la véritable urgence en ces temps si précipités ? Transfigurer. Il ne faut pas y voir que le soleil ou la « blancheur éclatante ». L'ombre aussi peut transfigurer. Ainsi, lorsqu'il est « transfiguré devant eux » au sommet du Thabor, Jésus tente d'annoncer à ses disciples qu'il y aura un au-delà de la Passion mais qu'il faut d'abord redescendre et traverser la plaine[2].

Tout au long de sa Passion, une femme fut transfigurée devant moi. Je n'avais pas imaginé qu'un jour je déposerais sur ma patène une hostie aussi brûlante.

---

1. J'emprunte cette expression au théologien Oliver Clément.
2. Marc 9, 2-10.

1

26 juin

Tu entres au jardin à l'heure de la Samaritaine, au milieu du jour[1]. Le jardin entre en toi. Tout ton corps l'accueille, ton âme aussi. Tu le respires et tu l'enveloppes de ton regard amoureux. Ton jardin-parole, car tu en as dessiné chaque mot en empruntant tes lettres à l'alphabet des roses.

Ce midi, tu contemples surtout la rose de Cluny découverte à l'abbaye de Valloire. Sa bure safran, éclatante de soleil, ne paraît pas très cistercienne, mais peut-être veut-elle adresser un clin d'œil monastique au Dalaï-Lama ? Juste à côté, en plein bavardage, les comtesses de Flandre ressemblent à de jeunes communiantes le jour de leur profession de foi. Un peu plus loin,

---
1. Jean 4, 6.

Ceci est ton corps

moins royales qu'il n'y paraît, les gloires de Versailles et, surtout, les Bukavu, tellement généreuses dans leur dépouillement. Tu adores les roses, tu en mettrais partout. Mais celles que tu préfères à toutes veulent garder l'anonymat, comme les petites indomptables que l'on voit couler en cascade au-dessus de la boîte aux lettres. La rose… « toute en son propre baiser », chantait Claudel dans son « Cantique », et ceci encore, qui nous touche de si près en ce moment : « Ah, qu'au milieu de l'année cet instant de l'éternité est fragile, mais extrême et suspendu[1] ! »

En début d'après-midi, tu quitteras la maison. Au milieu de l'année. Tu aimerais tant rester, raser, ratisser et retourner encore ce jardin d'Éden qui donne de si bonnes pommes… Abraham aussi voudrait rester en pays de Genèse lorsque Yhwh lui dit :

« Va pour toi,
Sors de ta terre,
de ton enfantement,
de la maison de ton père,
vers la terre que je te ferai voir. »

---

1. Paul Claudel, « Cantique de la rose », dans *La Cantate à trois voix*, *Œuvre poétique*, Paris, la Pléiade, 1957, p. 335.

Ceci est ton corps

« Va pour toi », *Lek le-kha*, dit l'hébreu. Une rude invitation que le verset suivant accompagne d'une vive promesse :

« Et je ferai de toi une grande nation,
et je te bénirai
et je grandirai ton nom.
Sois une bénédiction[1]. »

En regardant tes roses, tu sais bien que tu vas rompre avec un village, une maison. Pour combien de temps ? Petite sœur d'Abraham, tu tâtonnes avec lui dans l'incertitude puisque la voix reste vague à propos de l'issue : « la terre que je te ferai voir ».

« Va vers la montagne de Godinne », ajoute l'ange de l'annonciation médicale. « Et Marie se rendit en hâte sur le haut pays[2]. » Bouleversant rapprochement des géographies puisque l'hôpital universitaire de Mont-Godinne, près de Namur, se trouve perché sur une colline dans le haut pays. Et parenté des annonciations ? Je sais seulement que dans une heure, tu sortiras « de la terre de ton enfantement » et tu

---
1. Genèse 12, 1-2.
2. Luc 1, 39.

prendras la route. Sans hâte. Pour quelle nouvelle mise au monde ?

Peut-on célébrer Noël un 26 juin ? Avant de partir, nous rejoignons la vieille étable de la maison, toute petite, aux murs encore gorgés du sel des urines d'il y a cent ans. Une crèche. Nous avons conservé la mangeoire. Juste au-dessus, une céramique de Max van der Linden évoque la rencontre au puits de Jacob en plein midi[1]. Une ville. Un désert. Une longue femme noire drapée de bleu arrive à la source. Un homme en blanc l'y attend. Il a soif. « Salut, Marie la Bleue nimbée de grâce », nous glisse à l'oreille l'ami moine et poète, Gilles Baudry. À trois mètres, une Vierge à l'Enfant sculptée dans un vieux morceau de chêne. Un voisin me l'a offerte au temps de la souffrance, quand ses six enfants se trouvaient placés à l'Assistance publique. Comme il fait un doux soleil, le vitrail de Bernard Tirtiaux effleure le sol de rouge et de bleu, jusqu'à frôler la table basse où sont déposés le pain et le vin.

---

1. Jean, 4.

Ceci est ton corps

Pourquoi la liturgie de ce dimanche a-t-elle choisi de nous provoquer ? Au chapitre 10, verset 39, Matthieu dit : « Qui veut garder sa vie pour soi la perdra. » Je n'arrive pas à poursuivre la lecture. Sous la poussée de l'émotion, le barrage cède, violemment. Je m'étais pourtant juré de tenir. Toi, tu résistes. Pour deux. Mais je vois bien que tu es toute retournée. Et si c'était notre dernière célébration dans cet oratoire que nous avons voulu au cœur de la douce bergerie du Prieuré ? Je sais que tu y penses aussi. Pas besoin de mots. Quand la vérité d'une grande traversée fait signe, elle donne rendez-vous dans l'extrême dénuement.

Nous sortons. Tu jettes un regard rapide sur ce Prieuré qui a su accueillir une part si importante de ton histoire. Il a traversé les siècles et connu bien des visages, y compris monastiques, mais le tien lui a donné une couleur d'hospitalité toute particulière.

Au moment d'entrer dans la voiture, on dirait que la lumière elle-même veut nous offrir la tendresse de son encouragement. Assis au bord du puits à une heure inhabituelle, les chats nous regardent nous éloigner. Je sens l'interrogation dans leurs yeux.

Ouvrir une armoire, y déposer du linge, presque en silence, comme si les mots eux-mêmes retenaient leur souffle. Des gestes de tous les jours retrouvent l'émotion d'une première entrée au couvent ou à l'internat. Cœur, mon cœur, tu bats beaucoup trop vite. En te quittant ce soir, inquiet et confiant, j'ai l'impression d'avoir laissé ma fille aux grilles d'une abbaye...

27 juin

Curieuse journée entre chien et loup. Concentré et dispersé, je trie des papiers et retrouve un texte que j'avais annoté en son temps. Une histoire venue de très loin, comme une sorte d'invitation à la gravité que j'intitule à ma seule intention la « Parabole de l'oiseau dans les mains ».

Un jour, donc, un garçon plein de suffisance, et désireux d'imposer sa jeune vérité, vient trouver un ancien qui avait grande réputation de sagesse.

Ceci est ton corps

« Maître, dit-il, j'ai attrapé l'oiseau que voilà, caché dans le creux de mes mains. Est-il mort ou vivant ? »

Le vieil homme pressent immédiatement le piège. « Si j'affirme qu'il est mort, se dit-il, mon interlocuteur va le relâcher et l'oiseau s'envolera. Tant mieux pour lui ! Mais du coup, ce prétentieux proclamera mon erreur *urbi et orbi*. Par contre, si je dis qu'il est vivant, il resserrera les mains et l'étouffera pour montrer que, là aussi, je me trompe. »

Après un moment de réflexion, l'ancien regarde le novice dans les yeux et lui répond avec grande douceur : « Ami, la vie de cet oiseau est entre tes mains. »

Je pense à ton chirurgien, après-demain…

28 juin

Resplendissante ! Quel autre mot pour dire le choc ressenti en entrant ce soir dans ta chambre ? Tu es debout, si jeune, presque joviale. Tu veux me faire fête et tu as mis du soleil dans les nuages d'un vêtement tout léger. Je reconnais ta fierté. Tu as toujours aimé t'habiller. Mais de là à te rendre séduisante la veille d'une si grave opération... Souriante délicatesse. Tu sais mon inquiétude en ce début d'été et tu as choisi de me parler la langue du printemps.

Comme convenu, j'ai apporté le calice et la patène. Un poème de François Cheng nous rejoint au plus profond, surtout en ce moment. Il commence par ces mots : « Pourtant il nous reste encore à célébrer[1]... » Et nous allons suivre son invitation.

Célébrer ta beauté de ce soir.

Célébrer ton histoire, jamais racontée.

Célébrer ton angoisse, la mienne.

Quand tout est dit et qu'il faut bien ranger les vêtements du dimanche dans la valise, il reste encore à célébrer l'arrivée de la nuit.

Célébrer les bruits du couloir.

Célébrer le va-et-vient des infirmières.

Célébrer les éclats de rire dans la chambre à côté, et les plaintes et les respirations difficiles, et les échos, plus loin, d'un feuilleton télévisé.

Célébrer les derniers moments d'un malade que j'ai caressé d'un peu d'huile tout à l'heure, et dont le délire si joyeux m'a mis de très bonne humeur...

---

1. François Cheng, *Le Livre du Vide médian*, Paris, Albin Michel, 2004, p. 211.

Ceci est ton corps

Célébrer la confiance. Essayer du moins.

Avec du pain et du vin, mais ce n'est pas obligé.

Célébrer n'est pas réservé.

Célébrer n'est pas croyant ou non croyant.

Célébrer n'est pas que religieux. Et même quand c'est religieux, il reste encore à célébrer pour donner à l'humanité plus d'humanité.

Je suis prêtre, oui, mais chacun peut l'être, toi aussi, à l'heure surtout de rejoindre la « communauté sacerdotale » dont parle déjà l'apôtre Pierre dans sa Première Épître[1], ce « sacerdoce universel » si cher au concile Vatican II.

Mais la dimension de célébration que nous avons tous en commun est plus large encore quand François Cheng évoque

En nous l'à-jamais-perdu
Que nous tentons de retourner en offrande
Seule voie où la vie s'offrira sans fin
    Paumes ouvertes[2].

---

1. Première Épître de Pierre 2, 5-9.
2. François Cheng, *Le Livre du Vide médian, op. cit.*, p. 212.

Ceci est ton corps

Nous est-il déjà arrivé, comme ce soir, de « retourner en offrande » à ce point ? Au moment surtout de la consécration :

« Ceci est mon corps »...

Comment ne pas penser au tien ?

« Livré pour vous »...

Bientôt déchiré.

« Faites ceci »...

Sur la petite table de la chambre, à côté du plateau et de la coupe, un verre d'eau, un médicament pour que tu passes une « bonne nuit », quelques roses du jardin...
Célébrer pour fleurir.
Célébrer pour grandir.
Célébrer pour offrir ce qui nous manque, pour donner ce qu'on espère.

« En mémoire de moi »...

En pleine nuit, un violent orage secoue toute la clinique. Une chaleur difficile à supporter.

Ceci est ton corps

Nous l'accueillons pourtant avec sérénité. Chacun retient-il son souffle pour ne pas inquiéter l'autre ? Sans doute, mais pas seulement. Les *Hymnes à la nuit* de Novalis sont bien proches : « Mais moi je me tourne vers la Nuit sacrée, l'ineffable, la mystérieuse Nuit. »

Durant cette « Nuit sacrée », sans se le dire, nous vivons un instant de l'éternité, « fragile, mais extrême et suspendu ».

29 juin

Nous nous sommes levés tôt comme au matin d'un long voyage, alors que tout est prêt. À la place de la belle soie d'hier, tu t'enveloppes de toile, un grand tablier blanc noué dans le dos, moniale en coule pour un office un peu particulier.

Dans une heure, tu rejoindras la salle d'opération pour une intervention « de huit à douze heures », m'ont dit les médecins. Une heure. Une heure d'attente. Voulue. Un creux dans l'horaire. Un vide. Un espace entre l'oiseau et la fleur, entre la chair et le souffle, un temps suspendu entre la joue et le baiser. Tout en nous est retenu, la parole surtout. Pas de solennité, aucune ampleur, juste une pauvreté. Dans

Ceci est ton corps

le regard en particulier. Et comme il est inquiet, nous essayons de ne pas trop nous regarder. Mieux vaut le silencieux côte-à-côte d'un frôlement doucement répété.

Pas de religion non plus. Surtout pas ! La religion est trop pleine en ces heures-là. Elle n'a pas encore appris à se taire. Elle croit devoir combler. Elle bavarde. Zéro ! Creuser. Voilà ce qu'on lui demande, si on lui demande quelque chose, creuser pour que l'heure reste vraiment creuse, pour que le peu reste peu. Et pourtant... est-ce de la religion ?... un *Notre Père* nous vient aux lèvres, comme ça, sans crier gare, un *Notre Père* qui tient à peine sur ses jambes et que nous prenons par la main comme s'il fallait l'aider, lui aussi, à traverser, comme s'il était trop petit pour voyager seul, ou trop vieux, ou trop malade, et qu'il avait besoin d'un brancard jusqu'à la salle d'opération, un *Notre Père qui es aux cieux* si terre à terre et si physique quand les doigts enlacés jusqu'à la rupture le confondent avec l'Évangile du grand Jacques : « Ne me quitte pas, ne me quitte pas... »

Étrange procession du matin dans les couloirs de Mont-Godinne : une aide-soignante tire ton char et moi je suis... Presque une fable de La Fontaine : « La brancardière, la patiente et le pèlerin ». Ou alors le verset du Livre de Tobit que Christian Bobin reprend en ouverture du *Très Bas* : « L'enfant partit avec l'ange et le chien suivit derrière... »

Dans l'ascenseur, le monde s'éloigne et le pèlerinage s'accélère. Combien de fois l'ai-je emprunté, l'ascenseur, même à l'hôpital ? Mais ici... ta douceur déchirante, tes larmes de haute montagne, si claires, toute une vie entre deux étages, trop vite, et, déjà, l'entrée du bloc opératoire. Je te vole un baiser et je m'enfuis sans me retourner.

Enfin ! Après neuf heures d'attente – et je suis privilégié –, un coup de fil du chirurgien : « Nous sommes à mi-parcours. Nous allons procéder à la chimie thermique et puis la recoudre. Ça prendra encore quatre heures. Je vous rappellerai. »

Je suis rassuré et envahi d'images. Nous avons tellement parlé de cette opération « tentée pour la huitième fois ». Tu voulais savoir et tu as su comment, fibre à fibre, on allait te déshabiller jusqu'à l'âme. Avec un mot de la langue médicale qui résume à lui seul ce dévêtement progressif librement consenti : exérèse. J'ai pensé à « exégèse », quand je réduis moi-même certains organes du corps biblique à l'aide de mon scalpel théologique... Tu viens donc de subir l'exérèse de plusieurs organes digestifs : une gastrectomie distale des deux tiers, une colectomie droite, une cholécystectomie, une iléectomie totale emportant – probablement – une partie du jéjunum distal... bref, une résection intestinale étendue puisqu'il te reste cent vingt centimètres de grêle – et comme tout cela ne garantit pas le résultat, tes organes réduits et blessés vont s'offrir un supplément d'enfer : une chimiothérapie intrapéritonéale hyperthermique mettra le feu à la forêt. C'est qu'il ne suffit pas de couper. Il faut encore brûler. Et espérer qu'après l'élagage et le vitriol, l'arbre ainsi allégé garde une chance de refleurir.

30 juin

Une heure du matin. Je peux te voir quelques minutes mais à condition de passer par la sacristie des soins intensifs. On n'approche pas le saint autel sans s'habiller de blanc. Mon cœur en infraction dépasse la vitesse autorisée mais, en te voyant, il ralentit. Une paix m'enveloppe, d'une exceptionnelle douceur. Une joie. Si j'osais, je chanterais matines à voix basse dans le chœur de ta chambre stérile.

Ceci est ton corps

En te quittant, pardonne-moi, j'emporte quelque chose de ta grâce, juste un emprunt pour cette nuit. Dehors il fait doux et je souris aux étoiles.

Quinze heures. Tu es réveillée. Déjà ! Souriante. Colorée. Le rose de tes joues ne t'a pas abandonnée. Tu me dis très doucement : « Fais-moi une croix. » Je la dépose lentement sur ton front, légère. « Vous connaîtrez le repos. Car mon joug est agréable et léger mon fardeau[1]. »

Agréable aussi l'accueil de la jeune médecin, et légère sa présence. Du rire. De la détente. Une conversation franche et ouverte. Quel métier à son âge. Chapeau !

1ᵉʳ juillet

Soins intensifs. Plus qu'un lieu, un mot : *intense*, *intensité*, *tension*, *attention*. Un effort intense. Un plaisir. Une végétation. Oublions le plaisir. Pour l'instant. Te voilà en soins intenses, dans la végétation informatique d'une machinerie horlogère de haute précision. Et tu fais de l'humour en m'accueillant ce matin : « Tu vas

---

1. Matthieu 11, 30.

manger pour quatre puisque je n'ai plus qu'un demi-estomac ! »

2 juillet

Ton anniversaire. Avec quelques roses du jardin, évidemment. Et les vœux de leurs sœurs qui fleurissent gaiement à ton intention. Elles t'attendent.

3 juillet

Tu as reçu la visite de Christine et vous avez parlé en flamand. Pardon : en patois. La langue maternelle de vos parents. Un dialecte villageois que tu pratiques parfois au téléphone. Quand nous sommes quelques-uns à t'entendre à la maison, nous rions beaucoup. Jaloux ! Car nous sommes complètement largués.

6 juillet

En quittant Mont-Godinne, ce matin, pour rejoindre le travail, je ne savais pas qu'un oued allait ralentir ma route. Après quelques kilomètres, d'un coup, brusque montée des eaux. Une rivière en plein désert. Je n'y vois plus rien et je dois m'arrêter au bord du chemin. « Béatitude des larmes », dirait Baudiquey. Je crois surtout aux grandes eaux de l'épuisement.

10 juillet

Dans un champ, pas loin de la clinique, juste avant de traverser un petit bois, j'aperçois, à quelques mètres de la route, deux grands oiseaux gris-noir : un couple de choucas. L'un en face de l'autre, magnifiques de tendresse, et pas gênés pour un sou par la circulation, ils se lancent dans un splendide bec-à-bec choucatique digne des bouche-à-bouche les plus enflammés !

À mon retour, deux heures plus tard, les amoureux sont toujours là. Quelle passion ! Et quelle persévérance ! Serait-ce l'influence de l'environnement ? On dirait qu'ils s'y connaissent en soins intensifs...

Ceci est ton corps

17 juillet

Tu me demandes des nouvelles du jardin. Ça tombe bien. En venant vers toi, j'écoutais Barbara dans la voiture :

Est-ce la main de Dieu
Est-ce la main de Diable,
Qui a mis cette rose
Au jardin que voilà ?

Combien de fois avons-nous entendu et réentendu « Chapeau bas » ? Ma chanson fétiche. La tienne. Toi pour la rose et pour le jardin. Moi pour Dieu et pour Diable « qui un jour s'unissant ont fait ce printemps-là ». La toute première chanson que Barbara ose reconnaître comme sienne et qu'elle donnera à Bobino en février 1961.

Est-ce l'un, est-ce l'autre,
Ou les deux à la fois ?
Vraiment, je ne sais pas.
Mais pour tant de beauté
Merci et chapeau bas !

Ceci est ton corps

J'ai plaisir à te voir accueillir cette magnifique action de grâces. Barbara soit avec nous ! Et que sa fragilité encourage la nôtre.

À propos, sais-tu que Barbara voulait une maison de campagne entourée de roses ? Elle rêvait d'en planter partout. Couleur carmin surtout. Elle ne savait pas encore qu'on allait inventer les roses noires... Et voilà qu'un jour elle découvre une vieille ferme à Précy-sur-Marne. Deux grandes ailes ouvertes sur une cour intérieure et un tout petit jardin, comme un cloître. De fait, elle y mettra des roses. Et des chats ! Comme toi au Prieuré...

Au jour de son dernier adieu, les gens du village et leur maire, Yves Duteil, vont déposer quatre cents roses au cimetière, une pour chaque habitant. Et j'apprends que depuis le 3 février 2001, il existe, à Précy, une « rue de la Petite Cantate ».

Précy,
Oh, jardin de Précy
Oh, ma merveille
Oh, mon pays,
Suis-je déjà en paradis ?

Ceci est ton corps

Précy,
Bien sûr, un jour, je m'en irai d'ici
Plus loin,
Là-bas, vers un autre pays
Mais, si je peux vouloir quelque chose,
Oh, j'aimerais savoir que fleurissent mes roses[1]…

22 juillet

Vingt-quatre heures à Tournus. Une folie. Juste un aller-retour sur les traces d'un coup de cœur, une rencontre fondatrice, il y a quelques années, avec le peintre Jacques Aubelle. Douze cents kilomètres pour une heure de lumière dans la salle capitulaire de l'abbaye où Jacques expose les tableaux et les sculptures qu'il nous avait montrés, à Pâques, dans son atelier d'Amiens.

Je lui achète *Émoi*, un de tes pastels préférés. Des coquelicots en boutons. Ils ne sont pas au milieu des blés, comme souvent, mais sur un dallage. « L'incroyable insurrection du rouge de l'esprit dans notre cœur éteint », me dit en

---

1. Barbara, « Précy jardin ».

Ceci est ton corps

écho un poème de Christian Bobin[1]. C'est trop ! Trop pour moi. Trop maintenant. Et puis le pastel n'est pas du côté de l'insurrection, même si Jacques, à sa manière, est un insurgé ! C'est à peine s'il ose frapper à la porte, ce pastel-là, juste une caresse rouge sur fond gris-bleu avec une buée de violine. Mais quels yeux noirs de sympathie au milieu du visage ! Jacques m'explique qu'à l'âge de quinze ans, il aimait toucher leur robe froissée pour les encourager à s'ouvrir…

Même si les coquelicots ne vivent pas longtemps hors du sol qui les a vus pousser, on dirait qu'aujourd'hui ils acceptent de patienter jusqu'à la clinique. De Bourgogne en Wallonie, je les entends même chanter à mi-voix, assis délicatement sur le siège arrière de la voiture.

Je ne t'apporte pas qu'un tableau, mais la présence pastel de Jacques et Bernadette. Une amitié d'argile, de craie et de pigments en poudre qui ne s'effacera pas.

---

1. Christian Bobin, *Le Christ aux coquelicots,* Paris, Lettres vives, 2002, p. 51.

Ceci est ton corps

24 juillet

Dimanche, vingt et une heures.
Tu m'attends. Comme souvent, le dimanche soir, comme à la maison pendant tant d'années, tu m'attends pour partager le sacrement de l'impossible partage.

Je dépose le corporal sur le drap de lit. Un petit drap blanc de célébration sur un grand drap blanc de souffrance. Et la coupe en étain de mon ordination, et la patène.

Au bord du lit, un écriteau indique en grosses lettres : « À jeun longue durée »... Je ris de bon cœur. Toi aussi. Partager le pain et le vin « à jeun », comme à Auschwitz ou en d'autres camps lorsque le plus petit croûton prenait saveur d'éternité. Ou maintenant, au fond de quels baraquements quand le pain manque et que le sang coule sous la torture, bien avant la consécration ? « À jeun longue durée » : en quels déserts d'actualité à l'heure où le journal télévisé montre une faim si peu sacramentelle ?

J'ai oublié l'hostie à la maison. Je mendie un petit bout de pain à une infirmière. Elle me donne une tranche laissée par un malade sur son plateau. Ce pain blessé aura plus de saveur que d'habitude.

À la consécration, tu regardes mes mains...

« ... Sanctifie ces offrandes en répandant sur elles ton Esprit »

Combien de fois ai-je étendu les mains sur « ces offrandes », sur ce pain brûlant, sur ce vin désirant, pour qu'y pénètre un souffle amoureux ? On peut donc répandre l'Esprit comme on répand du lait ou des larmes, en le faisant couler...

« Au moment d'être livré et d'entrer librement dans sa passion... »

Au moment où tu es là, dans ton lit, dans tous les lits de toutes les chambres de toutes les cliniques...

« ... il prit le pain. »

Pas n'importe quel pain. Un pain azyme, *a-zumê*, sans levain. Or, en hébreu, « levain » a plusieurs sens et, notamment, « violence ». À la Dernière Cène, Jésus prend donc un pain pauvre, sans violence, celui que ses pères ont mangé en terre étrangère pour évoquer la violente sortie d'Égypte, un pain azyme pour que sorte la violence qui est en nous. Et ce pain de ta délivrance, il l'élève, comme on élève un enfant. Il le fait grandir...

Assis sur ton lit, je n'élève pas beaucoup... Juste assez pour être à la hauteur de tes yeux.

> « ... il le rompit et le donna à ses disciples, en disant :
> "Prenez, et mangez-en tous"... »

Prenez.
Prenez dans la main.
Qu'elle est courte la distance entre la main qui donne et la main qui reçoit...
Ceux qui communient ressentent-ils, comme moi, le bonheur physique de l'eucharistie ? Quand je donne la communion, je regarde la main. Les yeux d'abord, et puis la main : *le corps du Christ*. Toutes sortes de mains. Des mains qui ont prié, qui ont travaillé, qui ont peut-être frappé... Des mains qui ont caressé. Et voilà que le corps du Christ les caresse à son tour. Brûlante sensualité de l'eucharistie.

> « ... Ceci est mon corps livré pour vous. »

Ceci est ton corps

« Étrange duo où je parle à deux voix », confie Jean-Pierre Sonnet dans une *Petite suite eucharistique* qui chante si belle musique en moi. « *Ceci est mon corps,* et sa voix est la mienne. *Livré pour vous,* et c'est moi qui le dis. Non plus l'écho, mais la prophétie, dans nos voix qui s'allient, et dans nos deux corps voisés[1]. »

Il fallait un poète, et un grand, pour dire si bien la consécration, et si fort, en si peu de mots. Car c'est vrai, à chaque messe, je parle à deux voix. Ce n'est pas une traduction. Pas même un bilinguisme eucharistique. Beaucoup mieux : sa voix dans la mienne, quand les deux souffles, les deux corps voisés ne font plus qu'un.

À la communion, je te donne une miette. À peine une miette, une poussière de pain : « Ceci est mon corps longue durée... » Tu es poussière. Je suis poussière. Nous retournerons en poussière. Et dans cette poussière germe déjà la transfiguration.

Tu trempes ton doigt dans la coupe et tu le portes à tes lèvres.

---

1. Jean-Pierre Sonnet, *Le Corps voisé. Petite suite eucharistique,* Châtelineau, Le Taillis Pré, 2002, p. 17.

Ceci est ton corps

Si peu.
Un Dieu à jeun-longue-durée se donne dans la faiblesse extrême de ta faiblesse.
Si grand.

2

5 août

La maison. Depuis quelques jours, les médecins t'en parlent. Tu vas rentrer à la maison. Jamais je n'avais mesuré à ce point la force magique des deux mots : *la maison*. Quand on y vit, qu'on y rentre chaque soir, quand on réchauffe un peu de potage, qu'on essuie une assiette, quand on secoue un coussin, quand on jette quelques graines aux poules et qu'on ouvre la porte au facteur... sait-on encore le bonheur de la maison ? Au loin, à l'hôpital – et c'est tellement loin, l'hôpital –, la maison, même toute petite, devient un royaume. Et rejoindre cette petite maison-là une toute grande joie.

Rentrer à la maison, c'est comme retrouver sa carte d'identité, rejoindre son pays après un long exil. Va-t-on encore me reconnaître ?

Ceci est ton corps

« Comme tu as changé ! » dit la maman à l'enfant qui revient d'un camp de vacances. Et quand on revient de l'hôpital ? Est-ce la politesse de l'encouragement qui fait dire si souvent : « Mais tu n'as pas changé ! »

La maison. Lui donner un petit air de fête, sans exagérer. Des fleurs surtout, au salon, dans ta chambre. Je me réjouis et j'ai peur...

Au moment d'entrer dans la voiture, j'ai bien vu que la joie des jours précédents n'était pas au rendez-vous. Ta faiblesse t'inquiète. Tu n'en dis rien, mais tes yeux parlent à voix basse et murmurent un découragement venu de très loin. Tu n'arrives pas à accueillir le paysage. Tu ne m'as pas dit : « Faisons demi-tour », mais si je l'avais proposé...

La maison. La réinventer. L'habiter autrement. Lui demander assez de solitude et espérer que les amis comprennent. Être là comme n'y étant pas. N'être pas là et s'y trouver quand même. Haute voltige de la présence « juste ». Haute révélation, comme en photographie ancienne, quand la réduction des sels d'argent exposés à la lumière rend visible l'image latente. Qui se fuit dans la maladie de l'autre, et qui se trouve ?

Ceci est ton corps

Au fil des heures et de plus en plus, accueillir l'invitation de Peter Handke : « Vous, gens d'ici… ne vous plaignez pas d'être seuls. Soyez plus seuls encore[1]. »

7 août

La maladie, l'accident nous révèlent la merveille – l'étrangeté – de notre corps… « Comme si l'on était en train de nager à côté de sa propre barque », témoigne Frédérique Aguillon qui a voulu rencontrer par l'image cette part d'elle-même qui lui a été arrachée. Artiste-photographe amputée d'une jambe, son monde, d'un coup, se réduit à un espace extrêmement limité autour de sa maison. Et soudain, « après une lente, si lente gestation », elle choisit de se mettre à nu devant son propre objectif. Chaque jour, assise à même le sol, bien en face de l'ouverture, « laisser mon corps se dire ». On peut donc éclairer son propre manque, photographier la brûlure de l'absence[2]…

---
1. Peter Handke, *Par les villages*, Paris, Gallimard, 1983.
2. Frédérique Aguillon, *Ceci est mon corps*, Cognac, Le Temps qu'il fait, 2005.

Ceci est ton corps

8 août

Depuis ton retour, mon oreille devient de plus en plus bénédictine. Je crois avoir entendu, cette nuit, la chute d'un pétale de rose sur le sol du salon.

9 août

Jean-Marie au téléphone. Chaque semaine. Une voix... Une voix d'avant la voix, car il n'est pas besoin d'attendre la fin du premier mot, il est là, tout entier dans une seule syllabe... Il ne vient pas te voir. Il t'appelle. Il m'appelle. Pour être plus proche ?

10 août

J'ai découvert qu'il existait des « CHU » dans l'Église. Les Cardinaux Hors d'Usage ! Ça n'engage que feu le cardinal Martin...
Joie de cueillir l'instant de ton sourire.

Ceci est ton corps

11 août

Mon frère aîné et ma belle-sœur prennent le relais pour quelques heures, comme souvent, tellement attentifs au benjamin de la fratrie. Un grand frère toujours là, si simplement disponible, à l'image de sa maison table ouverte où les itinéraires se croisent et se décroisent, un parrain si nécessaire encore en cette fin d'été, quand les jours commencent à raccourcir.

13 août

Il est rare que je passe une semaine sans un moment en compagnie de Jean Grosjean. On lit des livres, parfois on en relit, mais il en est quelques-uns qui accompagnent à n'en pas finir. Et pourquoi faudrait-il que ça finisse ? La liturgie des heures que célèbrent les moines entraîne dans la grande répétition des saisons. De jour en jour et d'année en année, le chapelet des psaumes recommence. Et Jean Grosjean m'a offert un bréviaire dont le chant se renouvelle à chaque office.

Ceci est ton corps

Ce matin, je relis son évocation du prophète Élie, ce formidable personnage de roman, si souvent en colère, au cœur de tant d'apocalypses, égorgeur de faux prophètes et enlevé au ciel dans un char de feu...

Revisité par Grosjean dans une étonnante paraphrase poétique du Premier Livre des Rois, Élie ne tue pas les quatre cent cinquante prophètes de Baal. Il ne prédit même pas à la reine Jézabel que les chiens la dévoreront. Il dort. Il pleure. Il supplie. Il écoute le bruissement des peupliers du soir et, dès les premiers mots du premier chapitre, il s'identifie aux saisons[1].

Je ne relis pas *Élie* par hasard... mais par besoin, par nécessité, parce que je le sais être « le frère de tout banni qui marche sur la pointe des pieds par crainte d'éveiller le sol qu'on lui prête[2] ». Et Dieu sait que je marche sur la pointe des pieds ces jours-ci, par crainte d'éveiller le sol de ta souffrance. Alors je rejoins Élie au chapitre 19 du Premier Livre des Rois quand, poursuivi par Jézabel, il s'enfuit pour avoir la vie sauve.

---

1. Jean Grosjean, *Élie*, Paris, NRF, Gallimard, 1982.
2. *Ibid.*, p. 76.

Ceci est ton corps

« Il se rend à Beer-Sheva où il laisse son serviteur, dit la Bible, mais après une journée dans le désert il s'assied sous un genêt et demande la mort :

– Je n'en peux plus ! Maintenant, Seigneur, prends ma vie.

Il s'endort. Survient un messager qui le secoue :

– Lève-toi, mange ! dit-il.

Élie ouvre l'œil : près de sa tête il y a une galette cuite sur des pierres chauffées et une gourde d'eau. Il mange, boit puis retourne se coucher.

Le messager de Yhwh revient et le secoue à nouveau.

– Lève-toi, mange ! Le chemin qui t'attend est bien trop long pour toi[1]. »

Mange ! Le messager de Mont-Godinne te le répète tout le temps : Mange ! Tu *dois* manger. Absolument. Lève-toi, mange ! Le chemin qui t'attend est bien trop long pour toi...

Tu voudrais tant ! Manger te torture. Ne pas manger torture des peuples entiers sous les genêts de l'actualité. Manger, ne pas manger... ces deux

---
1 I Rois 19, 3-7.

Ceci est ton corps

souffrances font-elles une communion ? Ta bouche ne dit pas : « Seigneur, prends ma vie », mais tes yeux supplient : « Je n'en peux plus ! »

> « Fortifié par cette nourriture, Élie marche quarante jours et quarante nuits jusqu'à la montagne de Dieu, à l'Horeb. Là, il entre dans la grotte pour y passer la nuit[1]. »

On sait la suite de ce texte si souvent évoqué sur le Dieu qui n'est ni dans le vent, ni dans le tremblement, ni dans le feu. Le voici dans les mots d'un poète-théologien, par ailleurs remarquable traducteur de la Bible et du Coran :

> « Il entendit venir le vent le long des rocs, le vent mugir et s'en retourner. Il écouta le jour tourner sur son axe, puis les étoiles frémir dans leurs puits, les bêtes le flairer sans oser plus, son Dieu l'épier, et les pas du vent.
> À minuit ce furent des tornades. La terre se mit à trembler. Il y eut du feu qui passait dans les airs. Mais à la fin, plus inquiétant que tout, la douceur d'une haleine et comme une odeur d'iris.

---
1. I Rois 19, 8.

Ceci est ton corps

Alors Élie s'enveloppa de son manteau jusqu'aux yeux pour sortir sur le seuil de sa caverne. Et un murmure comme d'une musique lui disait : "Qu'est-ce que tu fais là ?"

Il répondit qu'il n'avait réussi qu'à se mettre presque tous les gens à dos et que ce n'était pas une vie. Mais sa réponse se perdit dans la clarté légère du matin[1]. »

Dans cette fameuse rencontre en bord de caverne, j'aime bien la question qui encadre l'événement aux versets 9 et 13. Dieu fait l'innocent : « Comment, toi ici, Élie ! Qu'est-ce que tu fais là ? » C'est adorable. Dieu ironise, mais d'une ironie pleine de tendresse pour son porte-parole découragé. Pour lui faire comprendre que la violence n'est pas la manière de Dieu. Ainsi, le « feu dévorant » se révèle au plus brûlant des prophètes d'Israël, à celui qui vient de provoquer un affreux massacre, non pas dans la tempête d'un génocide, non pas dans le séisme d'une catastrophe naturelle, mais dans « le bruissement d'un souffle ténu ». La Révélation tient donc à un cheveu, à une gorgée

---

1. Jean Grosjean, *Élie, op. cit.*, pp. 66-67, d'après I Rois 19, 9-13.

d'eau, au frémissement d'une étoile au fond d'un puits, à « la douceur d'une haleine et comme une odeur d'iris ».

Je vois bien qu'en ce moment nous nous tenons de plus en plus dans la grotte, au creux du ravin.
De grâce, laissez-nous dans le noir !
Se cacher et ne voir personne.
Se cacher et laisser passer le grand vent qui brise les rochers. Et le tremblement. Et le feu.
Se cacher. Non pour régresser. Au contraire. Pour grandir, s'élargir. Essayer. Chaque jour se convertir à la religion de la grande lenteur.
Se cacher et tâcher d'entendre, après le feu, « le bruissement d'un souffle ténu ». Et, si on l'a entendu, se cacher le visage dans son manteau et venir à l'entrée de la grotte...

14 août

Élie encore. Il y a presque trois ans. Le même texte à la cathédrale de Bruxelles. Tu t'en souviens, tu étais invitée. En compagnie de l'aumônier des artistes, j'ai baptisé un petit

Ceci est ton corps

Élie-Gabriel. Avant le murmure de l'eau sur son front, sa marraine, Sylvie Germain, s'est adressée à lui :

« Élie-Gabriel,
Un prophète et un ange sont unis dans ton nom.

Le premier se tient à la proue de ton nom ; sous un vocable clair qui tinte comme un chant d'oiseau au point du jour, qui flue comme un rai de soleil, chacun t'appellera tout au long de ta vie.

Et Dieu aussi t'appellera par ce nom. Il t'appellera de sa voix pareille à une brise légère, en grand silence, en doux secret, avec ardeur, avec patience.

Il t'appellera à chaque instant, mêlant sa voix de fin silence à ton souffle, au sourd bruissement de ton sang.

Il t'appellera jusqu'au bout de ta vie, d'un seuil à l'autre, attendant que tu lui répondes : "Me voici !", avec confiance, avec puissance. Avec l'humble puissance du cœur.

Gabriel, lui, s'avance dans l'ombre lumineuse d'Élie. Il vient en second, bien qu'en fait il soit premier – les anges précèdent tous

Ceci est ton corps

les hommes, ils habitent l'Éternité. L'Éternité, où ils nous invitent à les rejoindre.

Mais, avec une délicatesse infinie, les anges se glissent derrière les hommes – pour ne pas les aveugler de leur intense splendeur.

Gabriel, l'archange de l'Annonciation, vient poser, en ce jour de ton baptême, ses mains sur tes épaules. Des mains de pure lumière, aussi caressantes que ferventes, et cependant désarmées. Des mains pareilles à une brise ténue. Et, en souriant – comme seuls savent sourire les anges –, il te murmure : "Ne crains rien ! Si tu savais le don de Dieu ! Accueille ce don, offre à l'Esprit l'hospitalité de ton cœur."

Élie-Gabriel,
Un prophète et un ange.
C'est à eux que tes parents t'ont confié, car, bien que tu sois la chair de leur chair, l'aube nouvelle de leur cœur, ils savent bien que tu ne leur appartiens pas, que tu n'appartiens à personne sinon à toi-même béni par Dieu. À toi-même par-delà toi-même.

Et maintenant, Élie-Gabriel, va ! Va au-devant de toi, croîs vers ta propre cime,

Ceci est ton corps

chemine pas à pas sur la terre. Va dans la rude beauté du monde, dans le tortueux mystère du temps, en compagnie de ceux qui t'aiment, à la rencontre de la Vie. »

Quel bien ça m'a fait de retrouver ce texte de Sylvie ! Nous allons essayer d'aller dans la rude beauté du monde, dans le tortueux mystère du temps. Et marcher, oui, marcher encore, à la rencontre de la Vie.

15 août

Assomption ! « Enlèvement miraculeux de la Sainte Vierge au ciel par les anges », me disent les dictionnaires consultés... J'ai souvent vécu une fête de l'Assomption multiple et surpeuplée, y compris de pigeons, comme il y a quelques années quand une présentatrice des informations colombophiles à la radio, Anne Rieter, m'a offert le formidable cadeau d'un lâcher d'Assomption de derrière les nuages ! À chacun des colombophiles de la région, il était proposé d'apporter « quelques pigeons ». Il y en eut des centaines, venus parfois de loin, en hommage à Notre-Dame-des-Affligés dont on fêtait ce jour-là, dans mon village de Malèves-Sainte-Marie, le 250ᵉ anniversaire.

À chaque volatile, les fidèles présents avaient confié un message, comme Noé au moment du Déluge[1]. Je ne suis pas près d'oublier mon grand geste de bénédiction sur ces oiseaux du ciel lorsqu'un souffle immense m'a frôlé à l'instant de l'envol. Je me demande si les anges qui ont enlevé Marie ont réussi une élévation d'une aussi belle légèreté…

Je voudrais tant que la colombe de Noé revienne vers l'arche de ta chambre en tenant dans son bec le rameau de ta délivrance. Tu saurais que tes eaux de souffrance sont en train de se retirer.

Il n'y a pas grand monde sur notre bateau cet après-midi. Pendant que la procession du 15 août traverse le village, nous célébrons à deux une petite messe d'une petite Assomption de rien du tout. Mais comme elle est peuplée la solitude de cette eucharistie où une femme « bénie entre toutes les femmes » s'élève jusqu'à ton fauteuil pour te partager quelques mots de son *Magnificat* :

---

1. Genèse 8.

Ceci est ton corps

Je suis la servante d'un seigneur errant
j'ai pour lui des fiat à ne savoir qu'en faire
(mais, lui, il en fait des monts et des merveilles)
des semailles me descendent entre les hanches
de mars à décembre j'ai du dieu plein le ventre
à qui veut l'entendre mon corps crie magnificat[1].

Ton corps calciné ne crie pas *Magnificat* et pourtant, toi aussi, tu as du dieu plein le ventre !

« Marie dit alors :
– Tout mon être clame la grandeur du Seigneur.

Mon souffle s'enfle de joie : Dieu est mon sauveur !

Oui, il a porté son regard sur sa domestique de petite condition.

À l'avenir, tout le monde dira ma chance.

Il fait pour moi des choses étonnantes, le Puissant.

Il est saint, notre Dieu !

Sa tendresse, de génération en génération, touche ceux qui le craignent.

Son bras réalise des prouesses :

---

1. André Schmitz, *Les Prodiges ordinaires*, Lausanne, L'Âge d'homme, 1991.

Ceci est ton corps

Il pourchasse ceux qui sont arrogants d'esprit et de cœur.

Il culbute les chefs de leur trône.

Il élève les petites gens.

Ceux qui ont faim, il les remplit de bien et, les nantis, il les renvoie vides.

Il s'inquiète d'Israël, son enfant.

Car il se souvient de sa tendresse.

Comme il l'avait dit à nos pères, à Abraham et à sa descendance... pour toujours[1]. »

Et toi, que dis-tu ?

Tout ton être humilié balbutie la grandeur d'un Seigneur démuni.

Ton souffle épuisé n'a pas assez de force pour faire gonfler la joie.

Et comment pourrais-tu croire qu'à l'avenir tout le monde dise ta chance ?

Mais le Dieu de la Toute-Prévenance porte encore son regard sur sa domestique de petite condition.

Il fait pour toi des choses étonnantes.

Il remonte jusqu'à la source de tes larmes.

---

1. Luc 1, 46-55, dans la traduction de Gérard et Marie Séverin, *Le Christ en direct*, Paris, Les Éditions ouvrières, 1987.

Ceci est ton corps

Il te rejoint dans la vallée du manque.
Il entaille la pierre de ton désarroi.
Oui, je sais qu'il s'inquiète pour toi.
Oui, je crois qu'il entend ton appel.
Oui, je vois qu'il traverse les champs de ton découragement.
Et sa tendresse, comme il l'avait dit...
Oui, il s'en souvient.
Ton *Magnificat* est un *Miserere*.
Ton *Magnificat*, c'est d'assumer, de prendre en charge, jour après jour, une gorgée d'eau, une cuillère de potage, peut-être les rejeter, recommencer.

Une grande Assomption de courage.

19 août

Plus que jamais, un besoin monacal. Et Dieu sait que le moine n'est pas en repos...

20 août

Dans deux jours, je rentre à Louvain. Serai-je capable d'un peu de sérénité ? Ce sera difficile. Je suis de plus en plus étranger aux étroitesses de la vie professionnelle. L'écart se creuse entre mon travail et ton chemin. Et j'ai choisi ton chemin...

21 août

Tu es trop faible pour rejoindre l'oratoire, alors nous décidons de célébrer au salon, à deux pas de ta chambre. Tu ne parviens pas à rester assise. Tu as trop mal. Tu te lèves et tu tournes en rond autour de la table eucharistique.

Tu veux quand même lire l'extrait du livre d'Isaïe : « Je mettrai sur son épaule la clef de la maison de David : s'il ouvre, personne ne fermera, s'il ferme, personne n'ouvrira[1]. »

Tu es épuisée mais tu continues.

Je sens qu'il ne faut pas traîner.

Je célèbre « à la hâte », comme les Hébreux une nuit, les sandales aux pieds, le bâton à la main[2]. La messe debout.

L'eucharistie est un chemin nomade.

---

1. Isaïe 22, 22.
2. Exode 12, 11.

25 août

À la hâte... retour à Mont-Godinne.
Quitter la maison pour la deuxième fois et pour la deuxième fois se dévêtir d'un lieu tant aimé.
Dans tes yeux en larmes, une immense supplication et tellement de tendresse. À travers le mal, comment parviens-tu encore à partager cette humble douceur ?

3

28 août

En route vers la clinique, j'entends à la radio un reportage sur les Journées mondiales de la jeunesse. Au micro, des jeunes parlent de l'importance d'adorer, de se mettre à genoux, et surtout de Jésus ! Jésus ! Toutes les vingt secondes, son nom ponctue l'interview comme si la méthode du pharmacien Coué garantissait l'authenticité du témoignage. Pourquoi leur parole me laisse-t-elle si distant ? Gêné surtout, comme si je surprenais une conversation impudique. Il y a de la sincérité, je n'en doute pas. Mais personne ne leur a donc dit qu'il ne fallait pas exposer Dieu ? « Ne parle pas trop, confiait un jour le grand aîné Lucien Guissard, quand on a reçu le vent, cela se voit sur le visage. »

Ceci est ton corps

Si j'avais l'occasion de croiser un de ces jeunes, je lui dirais tout simplement : « Viens donc avec moi à l'hôpital, entre dans la chambre, assieds-toi, mets-toi à genoux si tu veux, mais surtout, tais-toi. Et puis retourne à tes occupations. Dans un premier temps, ne dis rien. Laisse travailler en toi cette parole reçue en pays de souffrance. Qu'elle te retourne. Qu'elle t'habite dans le secret. S'il s'agit vraiment d'une parole d'Évangile, petit à petit, doucement, avec pudeur, comme par mégarde, et peut-être même malgré toi... tu la mettras au monde. Quand on a reçu le vent... »

29 août

Ce soir, nous parlons beaucoup en silence. Après un long moment, des larmes te caressent le visage, venues de très loin. Tu me regardes : « Je pense souvent à la mort tu sais. »

À travers quelques mots que je sens maladroits, trop rapides surtout, comme si je ne permettais pas à ta phrase de faire chemin en moi, je risque : « Tu veux que nous en parlions un peu plus ? »

Tu ne réponds pas. Tu pleures, très doucement, sans bruit. Tu me regardes à nouveau : « Je pense surtout à toi. »

Ceci est ton corps

31 août

Ton corps était en flammes cet après-midi. Après l'incendie, tes entrailles calcinées se réveillent au fond d'un cratère encore chaud. Tes yeux crient, mais comment te rejoindre dans l'abîme ? Où passe-t-il ce sentier qui conduit à la source de ton mal ? Je ne le trouve pas. Je demande. Je supplie. Mais personne ne connaît. Insupportable impuissance. Et tu es là... Ce terrible qui t'advient, comment le porter avec toi, et vers où ?

Le mot « religion » m'effleure un moment. Je l'écarte. Il revient frapper... Pour le laisser entrer, nous allons poser nos conditions. Car nous avons cette grande chose en commun et depuis longtemps : la religion nous inquiète. Des décennies que nous sommes sur nos gardes. Moi, bien avant l'ordination déjà ! À cause des trafiquants. Pas seulement les « grands ». Il y en a beaucoup de « petits » qui fabriquent des alcools frelatés dans leurs distilleries à peine clandestines. Et quand ils osent utiliser des étiquettes « reconnues », ils ne sont même pas poursuivis. Cette religion rance qui a dépassé la date limite de péremption a bien soin d'occulter la plaie du Dieu torturé qui suinte au fond de nous.

Nous avons choisi de laisser la blessure ouverte. Pas question de se précipiter tout de suite avec un pansement. Quand la croix nue se dresse à l'horizon, il reste encore à se dévêtir de la religion pour accueillir la pauvreté d'une parole. Il arrive même que dans l'obscur d'un corps malmené se mette à saigner le noir de l'humble joie.

Au fond de l'enfer, une crevasse... Juste assez pour faire passer un souffle, peut-être même un verre d'eau. Rafraîchir la plaie, sans précipitation, et allumer une toute petite chandelle. C'est cela que tu opposes à tous les cléricalismes quand ton ventre éboulé t'enferme dans le pire des tombeaux : « Pas si vite, s'il vous plaît ! »

3 septembre

Cette nuit, tu es tombée dans ta chambre, par terre au milieu des tuyaux. Comme un éclair, une lame me transperce au téléphone.

Ceci est ton corps

N'était-ce pas assez ? Fallait-il que l'abaissement s'abaisse, que l'humilité s'humilie ? Jardin à l'abandon pendant quelques minutes... Un pas encore dans le long couloir de la dépossession.

5 *septembre*

Journée d'angoisse. Pendant un moment, j'ai cru que tu commençais une thrombose. Heureusement, non. C'est moi, maintenant, qui transpire sang et eau.

6 *septembre*

En rentrant ce soir, je m'écroule. À bout. Le corps vidé, l'âme lessivée. Pendant une demi-heure, complètement perdu. « Où ai-je mis mon portable ? » Je fouille la maison, je passe d'une pièce à l'autre, je recommence, rien, je m'assieds, le visage dans les mains, j'essaie de me calmer, je n'y arrive pas, je me lève, je refais le tour et je le retrouve... dans une corbeille à papiers. Je suis en nage. Aucun ange ne vient me fortifier.

Ceci est ton corps

8 septembre

Léger mieux. Tu as moins mal. Tu es plus présente. Un signe ne ment pas : tu retrouves des mots d'affection. Et un tout petit morceau d'appétit. Tu m'annonces une grande joie : « Je viens de manger une tartine ! » L'avenir dans une bouchée de pain. Même les objets se réjouissent. Sur la table, la tasse, l'assiette, le couteau partagent la bonne nouvelle. Depuis le temps qu'ils attendaient ! On ne dit pas assez la miséricorde des objets.

9 septembre

Tu souhaites que je t'apporte mon livre, *Un peu de mort sur le visage*. Pour en relire, dis-tu, quelques passages, en picorer deux ou trois mots. Mais j'entends bien que tu veux surtout répondre à ma question de l'autre jour à propos de la mort. Comme souvent chez toi, secondaire au carré, il faut compter avec le décalage horaire… Qu'est-ce que j'en sais après tout ? Pourquoi toujours analyser ? Tu te sens mieux. Et quand tu te sens mieux, tu laisses place à la

Ceci est ton corps

gravité. J'entends surtout, dans la sobriété de ta demande, une grande délicatesse, une manière de me dire : « Ne te tracasse pas si je parle peu, je sais, je me prépare... »

10 septembre

Je mesure qu'il peut y avoir quelque chose de possessif dans l'accompagnement. Comme si mon inconscient écrivait sur ta porte : « Chasse gardée », « Entrée interdite sans autorisation ».
Même là, le dénuement... Tu appartiens aussi aux autres !

12 septembre

Tu me racontes la visite d'un médecin-psychologue : « Avez-vous quelque chose de difficile à partager ? En parlez-vous à des proches... ? »
À quelques amies, oui, je crois que tu en parles. Peu. Avec moi... Je vois bien que depuis des semaines tu tentes de m'épargner, et moi, j'essaie d'ouvrir la route, timidement. Plus timidement que je ne l'imaginais. Je ne m'attendais pas à être aussi « réservé ». Trop ?

Ceci est ton corps

Avant de te quitter, je puise tout au fond du puits de ma fragilité pour te demander : « Ne me protège pas ! Ça me fera plus mal de savoir que tu me caches ton mal. »

Tu me dis : « On reparlera de tout ça. »

« Tout ça » me travaille beaucoup. Sur le chemin du retour déjà, je m'interroge : « Et moi ? Est-ce que je te protège si bien en ayant toujours l'air calme ? Fatigué mais "serein" ? Ne dois-je pas aussi lâcher prise ? » Chaque jour, je t'apporte des roses du jardin. Mais peut-être attends-tu d'autres roses ? Celles d'un partage plus piquant... Le Dieu que nous supplions se tient aussi entre l'épine et le chardon.

Arrivé à la maison, je change d'avis ! N'est-ce pas bien mieux de se dire de grandes choses dans de petits mots, par bribes et silences, dans le concret surtout des gestes les plus quotidiens ?

14 septembre

Tu brûles. Ton corps n'est plus qu'une violente secousse. Même le lit a de la fièvre. J'essaie de m'accrocher à ton tremblement de terre.

Ceci est ton corps

Quand l'éboulement s'apaise, tu es trempée. Et humiliée de reparcourir les chemins de la petite enfance. Comment te reprocher ta fierté ? Est-on jamais préparé à « s'abaisser » jusqu'à l'enfant en soi ? interroge Lytta Basset. Je te fais comprendre que ça ne me gêne pas du tout de côtoyer cette part « perdue ». Au contraire. C'est à ces moments-là que je me sens le plus proche, quand il n'y a plus aucune théorie qui tienne, ni aucun discours, mais que chaque geste, enlever une chemise, changer un drap, m'est aussi précieux que la perle rare dont parle l'Évangile et pour laquelle un marchand a vendu tous ses biens[1].

15 septembre

Ta voix au téléphone ce matin… à peine un filet d'eau, si loin. Je raccroche, désemparé, et je pleure.

En début de soirée, ton débit est un rien plus ferme. Nous parlons de la mort, tu le souhaites, sur la pointe des mots, comme si nous avancions dans un champ de cristal à la lueur

---
1. Matthieu 13, 45-46.

d'une lampe palestinienne. Je pense au recueil de Gilles Baudry : *Nulle autre lampe que la voix*[1]...

16 septembre

Comme chaque vendredi, ou presque, Jacqueline passe quelques heures à tes côtés. Jacqueline et Jean parfois. Ils ont « inscrit » cette visite sur le calendrier de leur chair à vif. Une petite-fille si blessée et si vivante les entraîne de la maison à l'hôpital et de l'hôpital à l'école depuis tant d'années. Et avec quelle détermination ! Car elle sait ce qu'elle veut de ses grands-parents, la délicieuse chipie. Est-ce pour cela qu'ils savent si bien entrer en reliance ? Juste assez d'humour pour effleurer ta blessure. De la bonté qui guérit.

Mais qui guérit qui ? Comment ne pas penser à « l'homme des douleurs » du prophète Isaïe, là où l'Écriture propose, au chapitre 53 : « ... et dans ses plaies se trouvait notre guérison » ? T'ai-je assez dit – non ! – à quel

---

1. Gilles Baudry, *Nulle autre lampe que la voix*, Mortemart, Rougerie, 2006.

point ta liberté nous libérait, ton courage nous encourageait ? Et comme ta guérissure nous guérissait ?

19 septembre

Tu souhaites « un peu de poésie ». Avec un peu d'humour, d'accord ? Je t'ai apporté les *Carnets du méditant* de Salah Stétié que je dois évoquer vendredi à Bruxelles. Il parle des « copeaux du menuisier » en présentant de « brefs éclairs qui, le moment venu, feront l'objet de la plus légère des flammes[1] ».

Ainsi, tu seras ma répétitrice... Car je souhaite partager mon admiration pour un poète-ambassadeur qui m'a enthousiasmé quand j'ai découvert, l'an dernier, son *Fils de la parole*[2]. J'aime surtout chez lui, ça ne t'étonnera pas, l'intense dialogue qu'il ose engager entre les richesses de l'Islam et celles de l'Occident. Car sa culture libanaise, déchirée et multiple, son

---

1. Salah Stétié, *Carnets du méditant,* Paris, Albin Michel, 2003, p. 12.
2. Salah Stétié, *Fils de la parole. Entretiens avec Gwendoline Jarczyk*, Paris, Albin Michel, 2004.

Ceci est ton corps

identité méditerranéenne, en font un grand poète d'Islam en Occident.

Les « carnets » dont je te parle font large place à la poésie et Salah Stétié s'en explique : « Cela tient, je pense, au fait que la poésie est devenue, face à la démission du religieux ou, dans certains cas, à son dévoiement, l'*autre* parole spirituelle, porteuse d'un autre salut, d'un salut lié non à une Divinité, mais, plus près de nous, en nous peut-être, à notre part d'humanité[1] »…

« Je n'appartiens à aucune institution, confiait-il à un magazine, mais je sais qu'entre mystiques et poètes, il existe des ouvertures, un partage, un carrefour. Je sais que chacun de nous est un nomade qui traverse les étendues intérieures, déserts et solitudes, accompagné par ce qui nous inspire, ce dieu sans chapelle qui est le nôtre[2]. »

Justement, à propos de chapelle, ce sourire dont la religion – et la laïcité ! – ont tant besoin :

« Un dieu léger est sans chapelle. »

---
1. Salah Stétié, *Carnets du méditant*, *op. cit.*, pp. 10-11.
2. *La Vie*, 21 août 2003.

Ceci est ton corps

Étonnant, non ? Et si vrai. Un regard tendre et rebelle, Stétié, une parole d'avertissement. D'humour aussi. La preuve :

« Freud, au Paradis, demande à Dieu qui est son psychanalyste. »

Plus dur, mais n'est-ce pas notre chemin :

« Dieu tremble et nous demande de le rassurer. Mais jamais il ne rend la politesse. »

Ceci encore, si proche de toi :

« J'appelle *âme* ce qui ne cicatrise pas. »

Et la fin d'une prière que nous ferions bien nôtre certains jours :

« Ainsi ne soit-il pas. »

22 *septembre*

Je contemple tes mains. Tes longues mains amaigries, presque transparentes. À la trace, je suis les nervures du voyage, étonné de me sentir si bien en diseur de bonne aventure...

Ceci est ton corps

23 septembre

Je ne passerai pas à la clinique aujourd'hui. Après mon cours du vendredi, je rejoins Bruxelles pour une conférence-récital, « Autour du Cantique des cantiques ». Un de mes sujets préférés. En le travaillant depuis des années, une chose m'a fasciné : l'étonnante proximité entre les mystiques, dans l'espace et dans le temps. Une exceptionnelle transgression des frontières, d'un siècle à l'autre, d'une religion ou d'une sagesse à l'autre. Car voilà que soudain, un rabbin, une béguine, une princesse indienne, un poète persan ou une carmélite disent presque littéralement la même chose. Qu'on songe, par exemple, à Mechtilde de Magdebourg qui a vécu au XIIIe siècle. J'avoue une connivence toute particulière envers cette mystique qui a dénoncé le cléricalisme avec une vitalité spirituelle tellement forte que je la salue comme une grande laïque du Moyen Âge ! Quelle flamme aussi, dans sa prière :

Ô Dieu, toi qui te déverses en ton don !
Ô Dieu, toi qui ruisselles en ton amour !
Ô Dieu, toi qui brûles en ton désir !
Ô Dieu, toi qui fonds dans l'union avec ton aimé !

Ceci est ton corps

Ô Dieu, toi qui reposes entre mes seins,
sans toi je ne peux être[1].

On devine une des sources de Thérèse d'Avila.
La joie d'offrir au public une relecture du Cantique vient aussi de la connivence avec les musiciens et les récitants. J'aime le temps qui précède, ces heures de répétition où l'on s'ajuste les uns aux autres, et je découvre l'exigeant plaisir de la mise en scène, un métier que je n'aurais pas renié ! Est-ce pour cela que je « compense » en liturgie ?

Les violons de Frédéric d'Ursel et d'Élisabeth Wybou ont bonheur à suivre « la belle parmi les femmes… splendide comme Jérusalem » et le Bien-Aimé « descendu dans son jardin aux terrasses d'aromates[2] ». Je garde encore au cœur et à l'oreille la remarquable *Danse des âmes en peine* de Christophe Gluck et l'exceptionnelle gavotte de la *Sonate à deux violons en mi mineur* de Jean-Marie Leclair. Une découverte !

Bonheur aussi de travailler avec Pierre et Claudine Laroche qui fêtent ce soir leur anniversaire de fiançailles. Et cinquante ans de scène. Au

---

1. Mechtilde de Magdebourg dans *Femmes troubadours de Dieu*, Turnhout, Brepols, 1988.
2. Cantique des cantiques 6, 1-4.

moins ! Le public ne s'y est pas trompé, qui a généreusement applaudi l'éternité d'un texte si bien porté par deux jeunes amoureux...

Je suis très touché par la présence discrète d'amis du Prieuré qui savaient devoir m'encourager ce soir. Grâce à eux, Mont-Godinne n'était pas trop loin de Bruxelles.

27 septembre

Quand je rentre, souvent, nos gentils félins se précipitent vers la voiture. Ils l'entendent de loin. J'ai toujours été étonné de la manière dont un chat pouvait reconnaître, entre tous, le chant particulier d'un moteur. À moins qu'il s'agisse de l'odeur du maître...

Ce soir, Zachée m'attend, agenouillé dans la cuisine. C'est très beau, un chat en prière. Même quand la prière est intéressée.

Zachée... Presque tous les jours à grimper aux arbres ou à s'endormir sur le toit de la bergerie. Le choix du prénom était tout trouvé. Encore qu'à la différence du chef des collecteurs d'impôts dont parle l'Évangile[1], il

---

1. Luc 19, 1-10.

Ceci est ton corps

n'est pas « de petite taille ». Et quand il grimpe au sycomore du Prieuré, c'est moins pour voir passer Jésus que pour observer les oiseaux...

À dire vrai, quand nous sommes allés le chercher dans un refuge voisin il y a juste trois ans, il s'appelait... Dieu. C'est écrit en toutes lettres sur sa carte d'identité, la signature du vétérinaire faisant foi. Nous avons hésité, testé : « Dieu ! Viens Dieu, il est temps de rentrer ! », « Mais Dieu, enfin, pas si vite ! Tu manges comme un mal élevé ! », « Dieu, ça suffit ! Laisse Noisette tranquille ! » On riait, rien qu'à imaginer la tête de nos visiteurs !

Après réflexion, et même si deux grands prédécesseurs s'appelaient Moïse et Judith, on a bien fait de passer de l'Ancien au Nouveau Testament. Pour la modestie ! Encore faut-il entendre l'objection de Salah Stétié : « Il y a des écritures de l'orgueil : la Bible, le Coran. Il y a des écritures de l'humilité : l'Évangile. C'est pourtant dans ce dernier livre que l'homme se dit Dieu. Se méfier des humbles[1]. »

---

1. Salah Stétié, *Carnets du méditant*, *op. cit.*, p. 50.

Ceci est ton corps

2 octobre

Tu me parles de celles et ceux qui t'ont fait signe ces jours-ci. Tu as toujours été une confidente attentive et, à l'hôpital, ce rôle s'est encore élargi.

Mais qui vient-on voir quand on vient te voir ? Comment te regarde-t-on ? Ne te voit-on pas d'abord à travers ton manque ? Et chacun, d'une manière ou d'une autre, ne vient-il pas te prêter un moment de sa propre perte ?

Moi aussi…

Ne pas t'enfermer dans ton dévêtement.

Tu reçois. Ton corps blessé est comme un tabernacle, la sainte réserve de toutes les blessures qui te sont confiées et que tu partages en communion d'humanité.

Ton accueil de chacun me rappelle ce film qui nous a tant touchés, *Le Papillon*, de Philippe Muyl, et cette fugue magnifique qui permettra à Julien et Elsa de s'enfuir quelques jours dans le Vercors pour tenter d'y dénicher une isabelle, un papillon d'une grande luminosité qu'on ne peut attraper qu'une seule nuit. *Le Papillon* vaut surtout pour la formidable connivence entre un vieil

Ceci est ton corps

entomologiste bougon (Michel Serrault) et une petite fille d'un naturel déconcertant (Claire Bouanich). Et quand ces deux-là se mettent à dialoguer, leur promenade, anodine au départ, devient de plus en plus initiatique. Mais tout se passe sur le fil du rasoir, du bout des lèvres, dans un regard, des gestes pudiques et surtout un jeu de questions-réponses qui enfonce un levain de bonne humeur dans la pâte de la gravité. La mort par exemple. Julien explique à la petite : « Personne n'est jamais sûr de finir sa phrase. La vie, ce sera toujours une seconde, plus une seconde, plus une seconde... Trois jours et trois nuits, c'est beau. C'est une vie. Une vie de papillon. »

N'es-tu pas l'isabelle de beaucoup de visiteurs ? J'entends encore la voix de François Cheng :

La lumière que tu dispenses
Tu l'ignores
Mais plus que les étoiles
Contemplées par toi
Tu es le gîte de la lueur
Vers où convergent
Les papillons de nuit[1].

---

1. François Cheng, *Le Livre du Vide médian, op. cit.*, p. 195.

Ceci est ton corps

8 octobre

Je t'abandonne vingt-quatre heures pour honorer une invitation prévue de très longue date à Diekirch, au grand-duché de Luxembourg où je dois donner une conférence. Sujet : « La mort, parlons-en tant qu'il fait beau. » Tu parles ! Heureusement, je sens dans la salle une qualité de silence à la hauteur du rendez-vous proposé. Et cela m'encourage beaucoup. J'en avais tellement besoin.

Le lendemain, au petit déjeuner, rencontre avec une vingtaine de responsables pastoraux de la région. Nous parlons surtout de l'accompagnement des mourants. L'aumônier d'une clinique de Luxembourg nous partage son expérience. « J'observe deux grandes attitudes de la part des familles, confie-t-il. Les premières ne laissent pas partir. Elles entourent en agrippant, parfois en étouffant. Et celle ou celui qui se trouve en partance sent bien qu'il ne peut pas les quitter… Les secondes réussissent à se tenir là, présentes, avec juste assez de distance pour que le proche ait le droit de se retirer. »

Jusqu'où ai-je laissé paraître que cet échange si vrai me touchait de tout près ?

Ceci est ton corps

10 octobre

Tu es effondrée au téléphone. J'entends se précipiter la cascade jusque dans mon bureau. Tu allais mieux, tu reprenais vie. Tu espérais tant une nouvelle chimio... L'infection reporte la décision et ce retard te bouleverse.

17 octobre

Du manoir de la Noue, Piem[1] m'envoie quelques rayons de son soleil angevin. Trois lettres en quinze jours. Toujours là, Pierre, à fleur d'amitié, avec des mots de sa grande écriture dessinée. Pas de ponctuation chez lui, rien que des signes d'affection : « Le temps passe et bouscule il est dur il est vrai il soumet et désarticule. Ne pas se laisser détruire et espérer toujours. Je t'embrasse. » Et juste avant : « Dis-moi que la vie est belle parfois... »

---

1. Le caricaturiste Pierre de Montvallon.

Ceci est ton corps

20 octobre

La chimio. Enfin ! Mais d'autres examens révèlent que la nourriture ne passe pas. Pourras-tu encore t'alimenter de manière autonome ?

Au fond de tes yeux, une terrible détresse, tellement retenue. Tu ne comprends pas. Tout ton corps est un immense point d'interrogation. Pourquoi ? Dites-moi. Mais les médecins ne savent pas. Alors, Dieu...

Nous ne sommes pas seuls au fond de la fosse. Six siècles avant Jésus-Christ, le prophète Habaquq déjà, tellement imprégné de la langue des psaumes. Et pas question d'adoucir le cri :

« Combien de temps, Seigneur, vais-je t'appeler au secours, et tu n'entends pas, crier contre la violence, et tu ne délivres pas ! Pourquoi m'obliges-tu à voir l'abomination et restes-tu à regarder notre misère[1] ? »

Merci Habaquq !

---

1. Habaquq 1, 2-3.

Ceci est ton corps

21 octobre

Aujourd'hui, le docteur Stéphanie Laurent doit soutenir sa thèse de doctorat. Rude épreuve. Or c'est elle qui t'a suivie pendant des mois aux cliniques universitaires Saint-Luc à Bruxelles. Elle aussi qui a dû nous apprendre que le cancer récidivait. Dans ce tout petit bureau, une si grande nouvelle. Et dire que tu allais si bien… Elle a donc vécu de près avec nous le changement d'institution hospitalière et l'ultime tentative qui t'était proposée.

Plusieurs mois se sont écoulés… et tu repenses à sa soutenance de thèse.

Lui téléphoner ! Tu saignes comme jamais et tu songes à lui offrir le sang de ton encouragement. D'une clinique à l'autre, une transfusion d'attention.

23 octobre

Comment tenir quand le ciel est si bas et l'aube incertaine ?

Un souvenir m'encourage : lors de la guerre d'Espagne en 1936, des prêtres se privaient de

Ceci est ton corps

l'eucharistie pour rester solidaires des soldats républicains qui avaient été excommuniés.

Dans ton dénuement eucharistique, je te sais solidaire de tant d'excommuniés...

30 octobre

Te voilà à nouveau « sondée ». « Ah, me dis-tu, si je pouvais arracher tous ces tuyaux, m'échapper, courir loin, très loin, encore plus loin... »

1er novembre

Les yeux rougis, tu m'accueilles avec le sourire : « Heureux les tuyautés ! »

Où vas-tu puiser cette force inouïe ? Tu ne gardes pas la nourriture mais tu gardes l'humour...

3 novembre

Comme chaque année, je célèbre, à Louvain, la « commémoration des défunts ». J'accorde grand soin à cette liturgie qu'un jour le recteur Pierre Macq m'avait demandé de remettre à

Ceci est ton corps

l'honneur. Comme il avait raison ! Et comme une communauté grandit lorsqu'elle se tisse une mémoire vive. Loin de vouloir rejoindre une route trop usée, la célébration nous aide à nous « souvenir du futur », comme dit le Talmud. À réchauffer une flamme surtout. Une rencontre rare où la mort donne vie à la vie.

10 novembre

Je t'apporte ce soir *Traces et ferment. Un dialogue à Bible ouverte* entre Lucien Noullez et Colette Nys-Mazure[1]. Tu te rappelles comme nous avons aimé ce chemin : « On part de Zachée, on arrive à Emmaüs, puis on lève la plume. Tout est accompli dans l'Écriture. Mais dans la vie, le livre reste ouvert[2]. » La preuve, je veux absolument te relire cette variation sur le verset de saint Luc : « Leurs yeux s'ouvrirent et ils le reconnurent… mais il avait disparu[3]. »

---

1. Colette Nys-Mazure et Lucien Noullez, *Traces et ferment*, Amay, L'Arbre à paroles, 1998.
2. *Ibid.*, p. 46.
3. Luc 24, 31.

Ceci est ton corps

Nous sommes à l'auberge. Jésus ressuscité vient de rompre le pain pour ses compagnons de voyage, et voici qu'arrive Lucien Noullez :

Dans la boulangerie,
un homme aux mains très noires
*   demande en rougissant un pain particulier,*
« comme on en voit parfois tomber des arbres,
précise-t-il,
avec en son milieu une lézarde
et des paroles aussi légères qu'un oiseau ».
La femme du comptoir hésite.
Puis elle s'approche du pétrin.
Mais l'apprenti aux mains blessées
a disparu,
laissant dans une flaque de lumière
un livre ouvert et blanc
où se déposent les farines[1].

Dans la boulangerie de ta chambre, je te partage un pain lézardé. Et même si tu n'en goûtes que la blessure, je vois bien qu'une flaque de lumière se répand sur le drap de lit.

---

1. Colette Nys-Mazure et Lucien Noullez, *Traces et ferment*, *op. cit.*, p. 44.

4

17 novembre

Demain, tu rentres à la maison. Le bonheur ! Ton visage illumine toute la chambre. Tu sais la fragilité de cette aventure insolite, mais qu'importe ! Avec le sac à dos et, à la main, un guide de voyage, je te sens d'une joyeuse nervosité, comme avant un départ en vacances. Dans le secret, je suis inquiet, mais je veux accueillir ton retour avec le même bonheur que le Père de la parabole. Même si tu ressembles bien plus à l'aîné qu'au prodigue…

« "Vite… Apportez un veau gras, tuez-le, mangeons et festoyons, car mon fils que voici était mort et il est revenu à la vie, il était perdu et il est retrouvé." Et ils se mirent à festoyer[1]. »

Moi, je n'ai pas de veau gras ! Tu ne pourrais pas en manger, du reste, même un peu... Mais festoyons.

18 novembre

Tu as passé une très mauvaise nuit. Le matin, tu as vomi. Toute petite voix à huit heures, plus petite encore à midi, comme aux jours difficiles. Serait-ce le stress du retour ?

J'arrive à la clinique vers dix-sept heures. Rien n'est prêt. Ça ne te ressemble pas. Comme si le désir de partir et celui de rester menaient bataille en toi.

On se décide quand même à y aller. L'appel de la maison l'emporte, mais d'un cheveu. Dans la voiture, tu te tais, et ton silence me transperce, car il exprime un rendez-vous si douloureux avec toi-même. Où es-tu ? En quel supplice encore ton corps te conduit-il ? Ton

---

[1]. La parabole de l'enfant prodigue dite aussi du « fils retrouvé » est racontée dans Luc 15, 11-32.

Ceci est ton corps

âme, surtout, en perdition, comme si les anges eux-mêmes l'avaient abandonnée. Je te parle du paysage traversé mais tes deux ou trois mots, épuisés, m'évoquent un paysage intérieur dévasté. Je te sens loin, en des terres que je n'arrive pas à rejoindre.

À la maison, branle-bas de combat pendant près de deux heures pour t'installer dans les conditions de la clinique. Les infirmières sont admirables d'attention et de volonté.

Vingt et une heures. Enfin seuls ! Aucune critique, simplement le besoin de respirer car nous sommes épuisés.

La fête du retour... quelques minutes de paix et de recueillement à l'entrée de la nuit, accompagnées, goutte à goutte, par la musique d'une perfusion électronique.

20 novembre

J'aperçois Joséphine assise au bord de ton lit. Cinq ans et des câlins, mais quelle histoire déjà ! Elle raconte, raconte... Même dans la souffrance, tu restes bon public.

Ceci est ton corps

22 novembre

Ta coiffeuse entre dans la chambre. Bien plus qu'une visite, une liturgie à domicile. Comme chaque semaine, ou presque, elle te propose un petit « balayage » des cheveux, sa manière à elle de leur donner un peu de lumière. Et pas question de payer ! Ce sont ses fleurs... Rien que la voir travailler me remonte le moral car elle te les lave avec les mots autant qu'avec les mains. Et quand elle te masse délicatement la tête, tu sais la douceur qu'elle fait entrer en toi. Même le séchage te réchauffe le cœur pendant quelques minutes, comme si le sèche-cheveux te soufflait quelque chose de sa bonne humeur.

Comment fait-elle, Viviane, pour porter chaque confidence avec autant de générosité ? Car la blessure d'une cliente devient sa blessure et une joie sa joie. Il arrive ainsi que l'humanité grandisse dans le secret d'un salon de coiffure.

24 novembre

Plus dur encore qu'imaginé... Quand ton corps t'offre un moment de repos, je retiens mon souffle, comme si je te voyais marcher en équilibre sur un fil, si haut...

25 novembre

Cet après-midi, dans mon cours intitulé « Presse, journalisme et société », j'évoque auprès de mes étudiants une interview accordée par Jean-Claude Guillebaud dans les années quatre-vingt et où il raconte notamment une anecdote au sujet de la guerre du Kippour entre l'Égypte et Israël. Il était alors grand reporter au *Monde* et garde mémoire d'une nuit passée avec un tankiste israélien au bord du canal de Suez, à la veille du cessez-le-feu. « Je me souviens, dit-il, d'une longue conversation sur l'islam et le judaïsme, d'une rencontre humaine très profonde. Je me suis aperçu que ces souvenirs-là ne correspondaient jamais à ce que j'écrivais dans mes articles. C'est sur ce point qu'il y a imposture journalistique. En effet, comment penser que ce qui est important pour moi ne l'est pas pour un lecteur ? Il faut faire, à mon avis, davantage confiance à sa subjectivité, à sa sensibilité ; "avoir le culot" d'écrire sans tenir compte des règles de la profession, sans se cantonner aux exigences de l'actualité. Avoir aussi le droit de dire "je", c'est ce que j'ai fait au *Monde*, au mépris des usages en vigueur[1]. »

À vingt-cinq ans de distance, ces propos me touchent encore davantage aujourd'hui, parce que je veux, plus que jamais, les appliquer aussi à l'accompagnement de la grande maladie dans une société trop frileuse et si conventionnelle sur ce terrain-là. Même dans une vie professionnelle de pointe, oser rompre avec les usages en vigueur et dénoncer cette formidable imposture qui fait passer pour du courage le fait de ne pas s'arrêter de travailler ! Que signifie cette volonté de poursuivre sa vie professionnelle « comme si de rien n'était » parce que « la vie continue » ?

Je ne remercierai jamais assez mes collaborateurs, Patrick et Muriel en particulier, qui me permettent de t'accompagner « sans tenir compte des règles de la profession ».

26 novembre

La neige ! Déjà vingt centimètres. Les petites chèvres, étonnées, car c'est la première fois,

---

[1]. Jean-Claude Guillebaud, « Le journalisme est-il un humanisme ? », *Trimedia* n° 11, été 1980.

Ceci est ton corps

découvrent avec joie leur nouveau jeu. Quand je les vois enfoncées jusqu'au ventre, elles ne courent plus, elles flottent ! « Maman, les p'tits bateaux qui vont sur l'eau ont-ils des jambes ?... » Enfin une pleine bolée de rire !

Un peu plus loin, les moutons broutent comme si de rien n'était. Je n'ai pas de chasse-neige mais des broute-neige ! J'admire surtout mes moutonnes brun foncé. Quand elles progressent sur la prairie-océan, on dirait une procession franciscaine à l'ancienne, une religion brun sur blanc tout en apaisement. Je sens que la conversion est proche...

Puisque le temps est blanc et brun, ma ménagerie me rappelle une histoire entendue un jour du côté de Pampelune, en bordure du Pays basque.

Deux vaches broutaient paisiblement dans un pré, gardées par un paysan à qui elles avaient communiqué leur tranquille sérénité. Un autre paysan arrive et s'assied, silencieux, en bordure du pré. Après un long moment d'observation, il s'adresse au premier :

« Elles mangent bien, les vaches ?

– Laquelle ? » demande le gardien.

L'homme de passage, devant cette réaction inattendue, saute à pieds joints dans l'improvisation :

Ceci est ton corps

« La blanche !
– La blanche ? Oui, dit le paysan.
– Et la brune ?
– La brune aussi. »

Chacun, après ce tout début de conversation, replonge dans sa longue pensée intérieure car, en ce temps-là, il n'y avait pas grande distance entre le moine et le paysan.

Le temps passe et le second finit par demander au premier :

« Et elles donnent beaucoup de lait ?
– Laquelle ? demande à nouveau le gardien.
– La blanche.
– La blanche, oui.
– Et la brune ?
– La brune aussi. »

Nouveau silence et nouvel office que chacun va célébrer de son côté, sans attention à l'autre. En cela, les deux paysans n'étaient pas encore prêts à faire communauté. Un fois chantée la dernière note, le paysan de passage dit au paysan sédentaire :

« Mais pourquoi me demandes-tu toujours laquelle ?
– Parce que, répond le gardien, la blanche est à moi.
– Ah », dit l'autre.

Ceci est ton corps

Il replonge un bref moment dans sa perplexité et enchaîne, un peu inquiet :
« Et la brune... ?
– La brune aussi ! »
Je les vois bien dans la neige avec mes chèvres et mes moutons, ces vaches-là. Et les deux paysans aussi !

Il est vingt-deux heures trente. Je te tiens la main et soudain, sans préavis, un geyser saccadé, irrésistible. De quoi noyer la chambre du restant de nos larmes. Plus le moindre contrôle. La tension était trop forte depuis plusieurs jours. Peut-être est-ce mieux ainsi. Oui, c'est mieux. D'ailleurs, juste après, nous avons souri. Nous avons même ri quand je t'ai raconté l'histoire « absurde » des deux vaches...
« Et ta douleur, tu la supportes encore ?
– Laquelle ?... »

27 novembre

Premier dimanche de l'Avent, la période liturgique qui ouvre à Noël. Quatre semaines d'attente et de désir. Claudel parle même dans son journal de « l'augmentation du désir par la proximité ». Premier dimanche, mais tu me proposes de célébrer le deuxième en mémoire de notre traversée du désert en Israël. Des déserts. Car si nous avons parcouru la Judée sans trop de difficulté, nous nous sommes perdus dans le Golan...

La messe dans le désert de la maladie, au bord du lit, avec Jean-Baptiste au bord du Jourdain : « Préparez le chemin ! » proclame le rugueux prophète dont l'Évangile croit devoir préciser qu'« il se nourrissait de sauterelles et de miel sauvage[1] ».

Je partage avec toi quelques mots de Salah Stétié : « La maladie est une autre santé, plus secrète. » Quel chemin faut-il préparer pour la découvrir, cette « autre santé » ? Il est vrai que parfois le Jourdain disparaît. Tu te rappelles comme nous l'avons perdu, un jour ? À quel endroit et à quel moment le surgissement de l'« autre santé » va-t-il nous surprendre ?

En attendant, tu ne te nourris pas de sauterelles et de miel sauvage, mais d'une perfusion sauvage et de trente sauterelles-médicaments par jour !

---

1. Marc 1, 6.

Ceci est ton corps

28 novembre

« Dieu vient, mais pas vite. » Il comprend tout, ce proverbe du Mali !

29 novembre

Au téléphone, Jean-Marie me parle de Jacob, de la lutte avec l'Ange, que je devrais lui écrire quelque chose... parce que nous avons tous un Adversaire au gué du Yabboq[1]. Quel Adversaire ? La Genèse raconte que Jacob lutte avec « quelqu'un ». « Un homme », disent la plupart des traductions. Mais un homme qui n'aura pas le dessus.

« Il vit qu'il ne pouvait rien faire contre lui et le toucha à la courbe du fémur qui se déboîta alors qu'il roulait avec lui dans la poussière.
"Laisse-moi partir, dit l'homme, l'aurore s'est levée.

---

1. Un torrent qui s'appelle aujourd'hui *Nahr ez-zerqua*, « Rivière bleue », et qu'on situe entre l'ancienne Rabba (Ammân) et le Jourdain.

Ceci est ton corps

– Je ne te laisserai partir que si tu me bénis.
– Quel est ton nom ? demande-t-il.
– Jacob.
– On ne t'appellera plus Jacob, mais Israël, car tu as lutté avec Dieu et avec les hommes et tu l'as emporté." (…)

Jacob appela l'endroit Peniél – Face de Dieu – car "j'ai vu Dieu face à face, et je suis sauvé"[1]. »

Qui t'a jetée dans la poussière au point de rendre ta santé si claudicante ? Car il ne t'a pas seulement cassé un fémur… Dans le Peniél de ta souffrance, seule contre Dieu, tu le tiens ! Quelle bénédiction attends-tu pour le laisser partir ?

30 novembre

Chaque matin, une femme frappe à la porte et entre dans ta chambre. Elle s'appelle Anne, ou Annette, ou Brigitte, ou Maryline. Fidèle au rendez-vous de ce doux voyage quotidien dans l'intime, elle sait bien que sa caresse d'eau te

---

1. Genèse 32, 26-31.

conduit un moment, pieds nus, dans l'herbe de l'enfance. Et plus que l'eau, et plus que le savon, des mots coulent dans le bassin de la conversation, parfumés, riants, parfois silencieux... Tout dépend de la saison du cœur. Des mains aussi, qui font lever sur ta souffrance une aube éphémère.

1er décembre

Une heure ! Tu demandes une heure, rien qu'une, où ton ventre halluciné te laisse en paix. Faudra-t-il élever l'oreiller blanc au bout d'une perche pour que la Croix-Rouge puisse intervenir ? Mais non ! La guerre continue, d'autant plus cruelle que tes organes blessés se battent dans un champ encerclé de toutes parts. Et tu es là, entre les feux, désarmée, à genoux, à te tenir les entrailles.

Te serrer la main jusqu'à ce que s'apaisent les spasmes des vomissements. Laisser entrer en moi ton regard suppliant. Capter ton sourire quand la nausée s'éloigne. Nous avons appris à goûter la douceur inconnue qui nous enveloppe parfois au sortir du feu.

Ceci est ton corps

2 décembre

L'ambulance.

Comme beaucoup, je l'ai croisée sur la route, si souvent. Je me suis écarté, quand elle m'envoyait du bleu de très loin, et un son parfois difficile à localiser. Je me suis arrêté au bord du chemin pour la laisser passer, comme la procession jadis. Il m'est même arrivé de prier en pleine circulation quand je la voyais à ma hauteur. Mais ici ! Chez moi, en plein noir, la sirène, la lumière...

Deux hommes avenants et très professionnels t'enroulent dans une couverture et te ceinturent sur un brancard pour t'emmener une fois de plus vers le haut pays.

À la bergerie, notre vieille grand-mère, Abela, souffre autant que toi. En allant la soigner avant de te rejoindre à Mont-Godinne, j'ai vu qu'elle bavait. Je lui ai essuyé la bouche avec un peu de foin et, pour l'apaiser, je l'ai caressée un moment sur le front. Elle s'est calmée.

Tu aimes tant Abela, la première brebis du Prieuré ! Je ne peux m'empêcher de rapprocher vos deux souffrances. N'est-il pas temps d'élargir la communion des saints ?

Ceci est ton corps

3 décembre

Tu quittes les urgences pour rejoindre « ta » chambre.

Attentives malgré le débordement, les infirmières de l'étage t'accueillent comme si tu rentrais en famille après deux semaines de congé.

Je me sens très proche de ces femmes, ces hommes qui réussissent à traverser leur fatigue et à offrir une qualité de présence même en coup de vent. De chambre en chambre, les mêmes paroles, les mêmes gestes, chaque fois différents.

Parfois, si ça se calme un peu, on fait un brin de causette dans le couloir, quelques mots précieux parce que tout ordinaires, qui ne sont pas de maladie ni de médicament, une parole qui enlève son tablier blanc quand il n'y a plus « ni Juif ni Grec[1] », ni Patient, ni Médecin, ni Infirmière...

---

1. Épître de Paul aux Galates 3, 28.

Ceci est ton corps

6 décembre

En quittant le travail pour te rejoindre, j'ai souvent la conviction d'abandonner le superflu pour me rapprocher du nécessaire... Dieu sait pourtant que mes activités sont peu gouvernées par la monotonie ! Serais-je en train de fuir « le laisser-aller existentiel des bien-portants » dénoncé par Joë Bousquet ?

On ne parle pas assez de ce poète inclassable, séducteur et rebelle, un des grands noms de la littérature française du XXe siècle dont l'existence va basculer en 1918 lorsque, sur le champ de bataille, une balle le prive de l'usage de ses jambes.

Pendant trente-deux ans, à Carcassonne, dans une chambre aux volets clos, ils seront nombreux à défiler auprès de Bousquet : Paul Valéry, Simone Weil, Jean Paulhan, André Gide, Louis Aragon, Paul Éluard, André Breton mais aussi René Magritte, Max Ernst, Jean Dubuffet, Hans Bellmer... Une conversation exceptionnelle autour de cet homme qui se bat avec son corps souffrant et tente de s'incorporer sa blessure par la pensée. Par la peinture aussi et par la poésie dans laquelle il voit une parole de déshabillement et un

Ceci est ton corps

encouragement « à réfléchir dans cette nudité la hauteur où nous sommes appelés[1]. »

7 décembre

Je pose la main sur ton front de porcelaine et j'attends. S'il pouvait y imprimer l'image de ton mal... Est-ce que ça existe, une décalcomanie de la souffrance ?

9 décembre

Un poème de François Cheng (qui ne me quitte plus !) relie le don, l'abandon et l'abondance[2]. N'est-ce pas toi tout ça ? Quand on t'approche, plusieurs me l'ont dit, des femmes surtout, on se sent appelé à la fécondité.

---

1. *Le Meneur de lune*, Éd. J.-B. Janin, 1946 ; réédition Albin Michel, coll. « Espaces libres », 2006. Pour mieux connaître la vie et l'œuvre de Joë Bousquet, on peut se référer à la remarquable biographie que lui a consacrée Édith de la Héronnière, *Joë Bousquet. Une vie à corps perdu*, Paris, Albin Michel, 2006.
2. François Cheng, *Le Livre du Vide médian*, *op. cit.*, p. 107.

Ceci est ton corps

Comme dans la parabole du semeur, tes graines tombent dans la terre généreuse de tes visiteurs. « Et l'on vit une graine en donner cent, et là soixante, et ici trente[1]. »

12 décembre

Notre petite musique du soir comporte beaucoup de pauses et bien des silences. Des soupirs aussi ! Et une larme, de temps en temps. Une larme musicale ? Je la vois descendre ce soir, discrètement, le long de ta partition. On dirait qu'elle prend tout son temps. Dans quelle mer va-t-elle se jeter ? Quelle terre ira-t-elle irriguer ?

La seule grâce à demander aux dieux lointains,
aux dieux muets, aveugles, détournés,
à ces fuyards,
ne serait-elle pas que toute larme répandue
sur le visage proche
dans l'invisible terre fît germer
un blé inépuisable[2] *?*

---
1. Matthieu 13, 8.
2. Philippe Jaccottet, *À la lumière d'hiver*, Paris, NRF, Gallimard, 1977, p. 93.

Ceci est ton corps

15 décembre

Après ces quinze jours de contrôle en clinique, tu devais rentrer à la maison. Impossible. Un mal à pierre fendre t'interdit de prendre la route. Des explosions à répétition fissurent le banc de ton corps. Jamais je ne t'ai vue te désagréger comme ce soir. J'essaie de te rassembler comme je peux et je te serre dans mes bras. Entre deux sanglots, tu me dis : « Mais qu'est-ce qu'on m'a fait ? Qu'est-ce qu'on m'a fait ? » Je sens que ton interrogation en cache une autre : « Mais où vais-je ? Où vais-je ? »

Tu t'apaises un peu. Un *Notre Père* tente de s'accrocher à nos lèvres. Je vois bien que de jour en jour il s'épuise à gravir la montagne. Pourtant, il y arrive. Mais de quel mal nous délivre-t-il ?

17 décembre

Depuis deux jours, rien que des convulsions de nausées et des vomissements à répétition. Impuissance de la pompe. Inefficacité des médicaments. Et tu ne te plains pas.

Ceci est ton corps

Comment dire ce qui se passe entre nous de minéral ? Je te tiens les épaules. Nous faisons bloc. C'est à la fois physique et spirituel, comme si Rodin venait de nous sculpter et comme si la souffrance de l'humanité tout entière se concentrait pendant quelques minutes dans cette sculpture-là.

Un mot remonte en moi, venu des très bas-fonds du XIIIe siècle, au temps du saint Jongleur d'Assise. Un mot difficile, oublié, rejeté, à cause, peut-être, du concile de Trente, du risque de magie qu'il traînait avec lui, et parce qu'il a fait fuir, loin de Dieu, quelques bons amis. Un mot de dix-huit lettres pour les amateurs de mots croisés sophistiqués. Un mot imprononçable et qui sent bien trop la religion à mon goût, mais que revoici, et qui m'affronte au cœur même de mon sacerdoce, et que j'accueille soudain, malgré moi, à cause de Sulivan, à cause de toi. Un mot scandale qui parle de changer, complètement, la vie surtout, la chair blessée, ton corps... *Transsubstantiation.* D'une substance, faire une autre substance, d'un pain un autre pain.

Et le pain amer de ta souffrance ? Comment le transsubstantier ? La consécration irait-elle

Ceci est ton corps

jusque-là ? Est-ce pour cela, surtout, que j'ai été ordonné ? Pour dire une parole au-delà de la parole et pour annoncer que cet au-delà est ici, maintenant, dans ce pain, dans cette souffrance, ton corps... ? Et que ce pain n'est pas que du pain ? Et que ton corps n'est pas que ton corps ? Et que ta souffrance n'est pas que ta souffrance ?

Oui ! C'est pour cela. Pour empoigner l'Ici et en faire de l'Au-delà. Parce que rompre le pain et en recevoir un morceau, remplir la coupe et en boire une gorgée, c'est rompre la solitude, c'est boire la solidarité, c'est agrandir la fraternité. Transsubstantier ta souffrance ? Oui ! L'eucharistie est réparatrice. Tu n'auras pas moins mal, mais ta terre écartelée deviendra terre nouvelle. Et il n'y a là aucune magie mais un *poème*, c'est-à-dire une parole qui fait ce qu'elle dit, « de l'art au-delà de l'art[1] », un élargissement, une transsubstantiation.

Tu te sens un peu mieux et tu m'invites au *Notre Père*, comme chaque fois avant de nous

---

1. Maurice Bellet, *La Chose la plus étrange, op. cit.*, p. 178.

quitter. Mais aujourd'hui, c'est un *Notre Père* tout secoué que tu mets au monde, à bout de souffle, comme toi.

18 décembre

Tôt matin, j'arrive dans ta chambre. Quelle intensité dans ton regard ! Comme si tu avais contemplé toute la nuit. Pourquoi « comme si » ? Dressée dans la stalle de ton lit à l'heure de refermer l'antiphonaire, tu me demandes au moment de quitter le chœur : « As-tu bien dormi ? »

5

22 décembre

Tu es rentrée à la maison pour Noël. Avons-nous jamais été à ce point sur la paille ? Nous ressemblons de plus en plus à notre bergerie… Mais pourquoi l'étoile tarde-t-elle à venir ?

23 décembre

Le corps à Noël. Comme il traverse les textes bibliques ! Du Livre de Michée à l'Évangile de Luc en passant par l'Épître aux Hébreux, il enfante, il crie, il tressaille, il jubile. Un corps en attente depuis si longtemps parfois.

Avec le prophète Michée, on s'enfonce au pays de nulle part, là où se trouve « le plus petit des clans de Juda », à « Bethléem

Ceci est ton corps

Ephrata ». Pourquoi Ephrata ? Ma généreuse bibliothèque biblique me parle d'un nom de femme qui veut dire « féconde » car elle a enfanté Hur, le père de Bethléem. D'ailleurs, une étymologie populaire voit dans le mot *ephraïm* l'évocation d'une terre fertile. « Après un temps de délaissement, écrit Michée, viendra un jour où enfantera celle qui doit enfanter. »

L'Épître aux Hébreux évoque une autre mise au monde, tout aussi bouleversante. Fallait-il que j'attende tant d'années et que tu sois là, dans ton corps en errance, pour que cette épître, souvent tenue à distance, me retienne à ce point ? Citant le psaume 40 dans sa version grecque, l'auteur fait dire au Christ, s'adressant à Dieu : « De sacrifices et d'offrandes, tu n'as pas voulu. Mais tu m'as fait un corps. » Quel renversement ! Tu m'as fait un corps pour qu'il se donne, et pour qu'il enfante une nouvelle fraternité : « Je vous appelle amis », « Ceci est mon corps »…

Et puis voilà Luc et dans la foulée Zacharie, Élisabeth, Marie… et le surgissement d'une parole dans la mutité, la fécondité dans la stérilité : un enfant tressaille dans le corps d'*El-isabeth*, Petite-maison-de-Dieu.

Ceci est ton corps

Et toi ? Quel enfant tressaille dans ton corps déchiqueté ?

Je viens d'ouvrir *Exercice du matin* de Henry Bauchau. Une sorte d'office monastique, comme un bréviaire bilingue chrétien-laïque, mois après mois. À « décembre », le romancier parle de « L'enfant bleu » et termine ainsi sa prière-poème :

Seigneur, s'il faut conclure, si l'on doit vivre encore
Fais que l'on soit toujours dans la simplicité,
La lumière de l'enfant bleu,
Au carrefour d'Angoisse[1].

24 décembre

Jean-Claude a la bonne idée de te relier par fil à l'église du Prieuré pour que tu vives avec nous la célébration de Noël depuis ta chambre. Tu es branchée en permanence à ton alimentation parentérale, alors pourquoi pas une

---

1. Henry Bauchau, *Exercice du matin*, Arles, Actes Sud, 1999, p. 44.

alimentation liturgique. C'est moins coûteux et plus digeste ! Surtout ce soir où nous accueillons Daniella, une jeune religieuse coréenne. Elle vient d'illustrer une nouvelle édition du conte traditionnel libanais *Les Trois Arbres*, qui a déjà fait tant rêver[1]. Et pas que les enfants. Des mots de tous les jours pour fiancer Pâques à Noël. Pour nous, cette « promesse » est un vieil engagement. N'avons-nous pas célébré Noël le 26 juin dernier dans l'étable de la maison ?

25 décembre

Deux brefs poèmes accompagnent ma journée : « Entailles » et « Ceci ». Le Jeudi saint à la Crèche et la Genèse à la fin de l'Évangile. Tout à l'envers ! Et un écrivain dont l'œuvre intense parvient à rejoindre la pauvreté d'une parole dans l'extrême de son dénuement. Car André Schmitz désacralise si bien qu'il conduit aux sources du mystère, un doigt sur les lèvres et un scalpel à la main...

---

[1]. Gabriel Ringlet et Daniella Oh, *Les Trois Arbres*, Montréal, Médiaspaul, 2005.

Ceci est ton corps

Un dieu inachevé
arpente fleuves et déserts.

Il a les audaces de ceux
en qui le manque pèse.

Il finit par tomber
dans le ventre d'une femme[1].

Ceci est mon corps
fut-il crié dans un corps de femme
Il y eut un soir
il y eut un matin
l'évidence du pain
l'extase du vin[2].

Un dieu inachevé crie « Au secours ! » dans ton ventre de femme...

---

1. André Schmitz, extrait du recueil *Entailles* dans *Dans la prose des jours. Poésie 1961-2001*, Tournai, La Renaissance du Livre, 2002, p. 42.

2. André Schmitz, extrait du recueil *Incises Incisions*, *ibid.*, p. 113.

Ceci est ton corps

27 décembre

Depuis des années, Maria te donne un coup de main le mardi matin. Elle a sa manière, bien à elle, d'enlever les poussières et de rafraîchir les fenêtres. Je me demande si elle ne travaille pas surtout avec la voix. Ainsi, même les jours sombres, son léger accent espagnol éclaire la maison d'un peu de gaieté méditerranéenne. Et je vois comme sa présence hebdomadaire t'encourage. Le bonheur si simple d'encore demander un service.

28 décembre

Les médecins, les infirmières à domicile, celles de l'hôpital... plus personne ne veut te voir souffrir comme ça. On tâtonne tous dans le noir, comme les Mages, mais pour échapper à Hérode, y a-t-il vraiment un autre chemin ?
Nous sommes en bordure des soins palliatifs. Je le souhaite et ça me paralyse. Mais toi, qu'en dis-tu ?

Ceci est ton corps

Comme notre quotidien est quotidien ! Si concret. Si dépouillé. Surtout dans son vocabulaire : « Comment te sens-tu ? », « Veux-tu que je remonte le coussin ? », « La lumière ne te gêne pas ? » Et toi : « As-tu pris ton café ? », « Comment va Abela ? », « Les poules pondent encore ? »

Quand la gravité frappe à la porte, on ouvre tout doucement et, derrière la porte, on découvre le quelconque et on le fait entrer. On lui dit de s'asseoir et on s'aperçoit bien vite que le quelconque vient de la part de l'immense, qu'ils sont proches parents, qu'ils habitent la même rue, peut-être au même numéro…

Jean Grosjean m'a tout appris sur la quelconquerie des jours. Il m'a même dit qu'il se tenait là, Dieu, quand il se tenait, dans l'arrière-cuisine ou sur un toit, « employé à équarrir des charpentes[1] »…

29 décembre

Tu as vomi six fois cette nuit. Les mots nous abandonnent. Même le silence nous lâche.

---
[1] Jean Grosjean, *Si peu*, Paris, Bayard, 2001, p. 38.

Ceci est ton corps

Nous n'avons plus que les yeux pour protester, et les doigts, croisés jusqu'à l'écrasement. Ils supplient que la coupe s'éloigne mais elle ne s'éloigne pas. Communier à la souffrance du monde... Comment communier quand plus rien ne passe, quand tout revient ? Vomir alors à la souffrance du monde ?

Toute la matinée encore, ce chemin spasmodique, avec, parfois, une respiration, le temps pour toi de me dire : « Je crois que la qualité de la vie, ce sera pour l'au-delà ! »

Est-ce que je rendrai jamais assez grâce à ton humour ? Décapant, non, ce n'est pas ton genre, mais tendre et ouvert. Et assez accueillant pour que tu arrives à t'accueillir toi-même dans l'extrême de ta fragilité. De jour en jour, même quand les fissures se multiplient, cette belle pierre d'angle parvient à garder la maison debout.

Tu restes en douleurs de vomissement.

Je te tiens la tête. Du bout des doigts, je te caresse les joues. Je te rafraîchis. Et je me surprends à dire *Notre Père* au milieu de « tout ça », qui ne sent pas bon. Un *Notre Père* dans les humeurs. Un *Notre Père* dont j'évacue le

Ceci est ton corps

contenu car je ne vois aucune « volonté » qui doive être faite... Mais le *Notre Père* est plus que le *Notre Père*. C'est un brin d'Évangile, une poussière de Béatitudes, une fraternité et surtout... une sonorité : une musique litanique quand le chant ne parvient plus à chanter. Un *Notre Père* arrivé sans prévenir. Et je n'ai pas fermé la porte.

En allant verser le récipient, j'ai du dieu dans le nez. Et des larmes : « Notre Père qui es aux yeux... »

Cette année, pas de sapin à la maison. Juste une toute petite crèche japonaise reçue un jour au carmel de Bruges, si simple dans sa ligne claire, en robe de porcelaine, transparente, comme si Hergé l'avait dessinée pour son ami Tchang.

« Veux-tu que je la mette plus près de toi ?
– Non, je la vois.
– Elle est en toi.
– Oui... »

Que les amis me pardonnent ! Les moutons et les chèvres sont mes meilleurs soutiens... Ils m'aident infiniment plus que je ne pouvais l'imaginer. Cannelle surtout, délicieuse petite rousse à

Ceci est ton corps

l'humeur vagabonde, toujours prête à m'escalader... J'avoue mon faible pour elle. Du coup, je la laisse entrer dans la réserve à foin, je m'assieds sur un ballot de paille et je la regarde manger. Elle m'envoie une œillade de temps en temps, comme pour demander : « Je peux continuer ? » Elle n'exagère pas. Une petite tape amicale et elle sait qu'on arrête le second dessert...

Pendant que j'écris... Zachée s'installe devant mon journal et vient m'encourager. Comme souvent. Peut-être me dit-il aussi qu'il a faim...

Sur mon bureau, les vœux de « Joyeux Noël » de l'ami Maurice. De l'an dernier. Je comprends pourquoi ils se trouvent encore là. La formule imprimée sur la carte est signée Liv Ullmann, une des actrices fétiches d'Ingmar Bergman. Qu'on se rappelle seulement *Cris et chuchotements*. Elle cite son grand-père :

« Je crois en la vie éternelle
parce que je la vis. »
« Moi aussi », ajoute Maurice, à la main.

Ceci est ton corps

30 décembre

Magnifique attention de l'équipe palliative à domicile. Le docteur Corinne van Oost reste une grosse heure à tes côtés. Plus que tout l'or des Rois, la myrrhe de la compassion.

À plusieurs reprises, Jésus utilise l'expression « être ému aux entrailles ». C'est la manière évangélique de dire « compassion ». Le maître à qui un serviteur doit « dix mille talents » est « ému aux entrailles » devant la détresse de l'homme à ses pieds[1]. Tout comme le Bon Samaritain quand il voit un blessé au bord de la route et « s'approche tout contre, ému aux entrailles[2] ». Sans oublier, évidemment, le père du fils prodigue : « Étant encore loin, son père le voit. Ému aux entrailles, il court se jeter à son cou[3]. » À chaque fois, un mouvement en quatre temps : être loin (hiérarchiquement, religieusement, filialement…), voir, s'approcher, compatir. Dans la démarche palliative aussi on part de loin, on voit, on s'approche

---
1. Matthieu 18, 27.
2. Luc 10, 33.
3. Luc 15, 20.

Ceci est ton corps

et on compatit. Des soins émus jusqu'aux entrailles.

Au Cambodge, il y a quelques années, un médecin du monde, Daniel Pavard, voit une femme toute jeune éventrée par un éclat d'obus. « Il n'y a plus rien à faire », dit-on souvent dans ces cas-là. Si ! Il y a beaucoup à faire. Témoin de la scène, un de ses collègues, Xavier Emmanuelli, raconte : « Daniel, je le revois, monte sur le plateau de la Toyota ; je me souviens qu'à cet instant je me demande quelle mouche le pique, ce qui peut bien l'écarter du trajet professionnel. Il vient se placer derrière la jeune Cambodgienne, referme sur elle ses bras, loge sa tête couverte de sueurs froides sur sa poitrine à lui ; en caressant ses cheveux, doucement, il lui parle, alors qu'elle ne peut pas comprendre un mot de ce qu'il lui dit ; il lui parle doucement comme il la caresse, avec une délicatesse infinie[1]. »

Enlacer la douleur et la peur de cette jeune femme qu'il ne connaît pas... « Je le sais à pré-

---

1. Xavier Emmanuelli, *Prélude à la symphonie du nouveau monde*, Paris, Odile Jacob, 1998, p. 104.

sent, poursuit Xavier Emmanuelli, Daniel a aboli toute la solitude de cette mourante, et du même coup, la solitude humaine universelle, dans son ensemble, pour un instant[1]. »

Ce sont ces trois derniers mots qui me touchent le plus : « pour un instant ». Sans doute n'abolit-on jamais la solitude d'un mourant. Mais le voir, s'approcher, compatir... même un instant fait reculer « la solitude humaine universelle ».

Quand je loge ta tête sur ma poitrine, est-ce que j'arrive à faire reculer un instant ta solitude ?

31 décembre

En juin 1923, le père Teilhard de Chardin part en exploration à la recherche de fossiles dans une région désertique de la Chine du Nord. C'est là, sur le plateau de la Mongolie, dans la grande bouche du fleuve Jaune, devant un paysage aride et grandiose, qu'il rédige *La Messe sur le Monde*.

Au moment où l'année se retire sur la pointe des pieds, je relis, une fois encore, ce brûlant

---

1. *Ibid.*, p. 105.

poème qui m'accompagne depuis longtemps et qui aujourd'hui, plus encore que d'habitude, à cause, peut-être, de l'aridité de ma Mongolie intérieure, me bouleverse dès les premiers mots :

« Puisque, une fois encore, Seigneur, non plus dans les forêts de l'Aisne, mais dans les steppes d'Asie, je n'ai ni pain, ni vin, ni autel, je m'élèverai par-dessus les symboles jusqu'à la pure majesté du Réel, et je vous offrirai, moi votre prêtre, sur l'autel de la Terre entière, le travail et la prière du Monde. » (…)

« Tout ce qui va augmenter dans le Monde au cours de cette journée, tout ce qui va diminuer – tout ce qui va mourir –, voilà, Seigneur, ce que je m'efforce de ramasser en moi pour vous le tendre… », dit encore le père de Chardin qui ajoute, un peu plus loin : « C'est une chose terrible d'être né… (…) J'ai peur aussi, comme tous mes frères, de l'avenir trop mystérieux et trop nouveau vers lequel me chasse la durée. Et puis je me demande, anxieux avec eux, où va la vie… »

Mais cette peur-là, cette angoisse, et « l'amertume de toutes les séparations, de tou-

Ceci est ton corps

tes les limitations, de toutes les déchéances stériles... », Teilhard va les recueillir dans le calice de la Consécration du Monde. Et les offrir : « Buvez-en tous[1]. »

Dans la grande bouche du fleuve Jaune qui traverse la maison, je célèbre la Messe sur le Monde de ta maladie et de ta souffrance.

Tout ce qui va augmenter en toi, diminuer en toi, mourir en toi au cours de cette journée... je m'efforce de le recueillir et de le consacrer.

Avec toi, je suis anxieux.

Avec toi, j'ai peur de l'avenir et je me demande où va la vie...

Je célèbre la Messe sur le Monde des séparations et des limitations. Sur le Monde des déchéances.

Ma coupe est pleine. Comme la tienne. Pleine de tes nausées et de tes ballonnements. Pleine à ras bord de découragement. Et j'ai peine à l'élever « jusqu'à la pure majesté du Réel ».

---

1. Teilhard de Chardin, *La Messe sur le Monde*, Paris, Desclée de Brouwer, coll. « Les Carnets DDB », 1997, pp. 33-61.

Ceci est ton corps

Je célèbre la Messe sur le Monde des urgences. La Messe sur le Monde des soins ordinaires et des soins intensifs et des soins continus.

Et je rends grâce pour tant d'attention.

Je célèbre la Messe sur le Monde du Prieuré et sur celui de l'Amitié.

Et ma patène déborde de celles et ceux qui viennent te visiter.

Un à un, je les vois.

Un à un, je les porte.

Et je les appelle, un à un, au grand temps de l'intercession.

Je célèbre la Messe sur le Monde des artistes et des musiciens.

Et je me réjouis de tisser le vêtement d'une parole qui nous va si bien.

Je célèbre la Messe sur le Monde de la bergerie.

Une Messe paysanne qui sent l'herbe coupée et la paille et le grain.

Et je donne bonne mesure à tous ces santons si sensibles à notre chagrin.

Ceci est ton corps

Je célèbre la Messe dans un mouchoir de poche. Dans le mouchoir de poche du Monde.

J'ai du pain et du vin mais pas d'autel. Seulement un lit.

La Messe sur le Monde dans l'actualité d'une chambre à coucher.

1ᵉʳ janvier

Une tache. Si attentive, toujours, à la propreté, tu n'es pas parvenue à maîtriser ton corps ce matin et tu t'en trouves offensée. Une tache sur un sous-vêtement. Tu me demandes d'aller vite le laver. Je comprends. Je savonne. Je rince. Et je sens dans ces gestes un au-delà des gestes, comme un rendez-vous important, presque un sacrement, une manière de te rejoindre là où l'âme pleure autant que le corps. Une solidarité symbolique aussi, dans le secret, avec celles et ceux que je croise depuis des mois, en clinique ou à la maison, et qui savonnent et qui rincent tous les jours.

Je reviens vers toi et je me sens plus proche que jamais. Je te calme. Je t'admire. Sais-tu la lumière qui rayonne de ton corps humilié ? Je ne te l'ai pas assez dit.

Ceci est ton corps

Ceci est ton corps.
Ceci !
Jamais pronom démonstratif ne m'a autant montré. Car il y a bien plus qu'une indication dans le *Ceci*. Une annonce. Et plus qu'une annonce, une annonciation. Un *Ceci* si présent et si plein de futur. Car c'est maintenant, ton corps, et déjà demain.

Ceci est ton corps.

Ton corps griffé par la signature délicate des chirurgiens.

Ton corps de haute couture.

Ton corps dansé par le mouvement rythmé des infirmières.

Ton corps de haute voltige.

Ton corps donné par la présence si réelle de ton attention à chacun.

Ton corps de haute générosité.

Ceci est ton corps inachevé. Ton corps d'argile à l'heure où le potier doit encore compléter son travail de genèse, fragile comme une céramique au moment de la cuisson.

Mais justement... si tu savais comme il brûle, ton corps de neige, dans l'épaisseur de la nuit, et comme il éclaire quand s'allument les flocons.

Dans l'instant du *Ceci*, l'éternité.

2 janvier

Même proche, est-ce que je connais ta souffrance ? Ne suis-je pas, parfois, dans l'illusion de pouvoir la rejoindre ? Souffrance de rester au bord de la souffrance de l'autre. Se tenir sur le seuil. Ôter ses sandales. Se dévêtir d'une présence trop pleine. Accueillir la nudité de sa propre solitude. Ne pas tenter de recoudre la déchirure de la liberté.

Qu'est-ce que ta souffrance fait de moi ? Que suis-je devenu en me baignant dans les eaux de ta grande épreuve ? De jour en jour, de plus en plus, ton chemin, si rude, me dépouille. Tu m'écailles. Tu me dénoyautes. Tu fais saigner ma pulpe. Tu m'obliges à me voir dans ma vérité. Blessure de si mal aimer, de découvrir crûment sa propre limite. Mais joie d'accueillir en soi celui que l'épreuve transforme, d'espérer, peut-être, plus de disponibilité à la solitude de l'autre. Et plus d'abandon.

Ceci est ton corps

3 janvier

Zachée est de joyeuse humeur ce midi. Comme un fou, il se lance sur le paillasson de la cuisine et se laisse glisser sur deux mètres au moins ! Ça me rappelle « La Petite Suisse » de mon enfance. Les forains souhaitant installer leur attraction dans la cour de la maison, mes parents avaient négocié le prix de l'emplacement en tickets gratuits... Joie d'offrir la tournée générale à tous les copains du quartier !

Décidément, Zachée exagère. Le voilà au moins à son cinquième tour sans payer. Je vais lui réclamer un ticket !

4 janvier

Yolande, notre voisine, te rend visite avec une de ses jumelles. Est-ce Maëlle ou Aline ? Maëlle, je crois. Je les confonds depuis la naissance. Toi pas ! Il faut dire que toutes petites déjà, elles connaissaient la générosité de ta boîte à bonbons.

Ce midi, mère et fille viennent t'offrir une gorgée de bon rire de nouvel an. L'occasion de jeter dans la conversation quelques souvenirs d'au-delà des haies qui nous séparent. Chance des clôtures qui ne clôturent pas.

6 janvier

Tu apprends le décès de sœur Marthe que tu as côtoyée de très près il y a vingt-cinq ans. Tu raccroches le téléphone. Nous sommes très émus tous les deux et nous découvrons que l'annonce d'une mort peut mettre une autre mort au monde. En quelques secondes, un regard, deux ou trois mots, nous parvenons à accoucher de « cela » que nous portions en silence et qui arrive à terme : nous allons devoir nous quitter.

Jusqu'à ce moment-ci, je ne savais pas qu'un même enfant pouvait venir au jour de deux ventres différents...

7 janvier

Je lis ton visage comme le parchemin rare d'une réserve précieuse. Pas besoin d'une loupe pour le déchiffrer. Je vois ton mal quand tu n'en dis rien. Juste un pli du front. Et encore.

Tu débranches quelques minutes ton cordon ombilical. Quatre ou cinq pas et tu es à bout de souffle.

8 janvier

Je lave la vaisselle à chaudes larmes et je ris pour l'essuyer.

6

9 janvier

Retour à Mont-Godinne. Indispensable. Et insupportable.

Corinne pleure au téléphone et ses larmes me font du bien. Comme si l'eau de sa peine venait un peu rafraîchir la mienne… Je crois à la communion des sources.

11 janvier

Dans le couloir, je parle longuement au chirurgien qui t'a opérée. De toute sa carrière, il me dit n'avoir jamais vu une telle souffrance. Je le sens très ému, désemparé. Il cherche à te soulager et il n'y arrive pas. Lui aussi va devoir lâcher prise et vivre avec ta blessure, la sienne.

Ceci est ton corps

Je vois bien que c'est un grand deuil. Je l'encourage...

Sommes-nous à ce point privilégiés ? Depuis le tout début de ta maladie, la plupart des médecins nous ont partagé une parole vraie, pauvre, bien plus stimulante, plus espérante aussi, que le mensonge de la toute-puissance. Il en va de la médecine comme de la religion : entre vrais et faux dieux, il faut choisir. Durement. C'est tellement mieux, une médecine fragile...

Quand je reviens dans ta chambre, tu me demandes : « J'en ai encore pour combien de temps ? Il te l'a dit ? »

T'ai-je répondu ?

J'ai seulement souvenir d'un paysage qui s'est embrouillé.

12 janvier

Tu m'attendais, ce soir, avec une impatience à laquelle je n'étais plus habitué. Pas fébrile, non, presque sereine, mais fort désireuse de parler. Je comprends que tu sors à peine d'une réunion au sommet dont tu étais le sujet principal.

Ceci est ton corps

En prenant largement le temps de t'interroger et de t'expliquer, les médecins ont évoqué une démarche palliative plus active. Tu as très bien compris et, comme hier, car tu ne lâches pas vite le morceau, tu as reposé ta question : « J'en ai encore pour combien de temps ? »

Ils ne savent pas…

Tu perçois, et moi aussi, que nous sommes à un tournant. Je sais bien, à demi ou à quart de mot, l'adieu prenait corps, mais il prenait surtout son temps. Maintenant, sans précipitation – et c'est un signe –, il nous ouvre une mémoire plus vive. Nous osons évoquer le chemin parcouru à l'heure où il s'agit de s'embarquer « vers la vérité tout entière[1] ».

13 janvier

Aujourd'hui, si j'ai bien compté, ta dixième voisine de chambre retourne chez elle. Définitivement. Et toi… tu te réjouis avec elle, tu l'encourages, tu lui souhaites de retrouver au plus vite le bonheur des jours ordinaires. Je commence seulement à comprendre la réflexion de Sulivan : « Car

---

1. Jean 16, 13.

Ceci est ton corps

il arrive que le monde soit donné à ceux qui lui ont dit adieu. » Et ceci encore : « Comment savoir ? Ce serait fameux si l'on pouvait reconnaître à un signe ceux qui ont franchi le passage. Il ne le faut pas. Qu'ils demeurent la balayure du monde. Nul ange ne parle. Rien n'est écrit sur le front de ceux qui ont rencontré l'Inconnu. Ils ne le savent pas toujours eux-mêmes[1]. »

15 janvier

Ces jours-ci, la douleur se tient à marée basse, du coup la plage de ton attention s'élargit. En marchant pieds nus sur ton sable écorché, tu donnes à voir quelque chose de plus vaste que toi. Et tu rends plus encore à lui-même celui qui vient te voir.

16 janvier

Tu me demandes d'apporter quelques livres de poésie. Pas pour te distraire. Même pas pour

---

1. Jean Sulivan, *Consolation de la nuit*, Paris, Gallimard, 1968, p. 59.

lire. Pour marcher. Pour qu'un mot fasse chemin en toi. Chemin de dévêtement. Car, tu le sais depuis longtemps, la poésie n'ajoute pas, elle retire, elle entraîne du côté du Thabor vers les monts de la haute nudité. Pour quelle transfiguration ?

17 janvier

Tu reçois deux sortes de visiteurs : les bavards et les silencieux. Et même des très bavards et des très silencieux. Si on pouvait, on écrirait sur la porte : « Parlez en silence, s'il vous plaît. » Tu ris ! Quel bien tu me fais quand tu ris.

20 janvier

Tu as quitté Mont-Godinne et tu viens d'arriver en soins que l'on dit « continus » à Ottignies – Louvain-la-Neuve.

J'aurais voulu t'accompagner dans l'ambulance, mais je me trouve en pleine session d'examens. Pas les mêmes que les tiens ! D'autres soins continus… Je t'appelle entre deux étudiants. L'émotion au téléphone… Pas

Ceci est ton corps

une plainte, mais l'énorme houle de ton corps tout entier dans ta voix. L'océan de ton inquiétude jusque dans mon bureau. Comme je comprends. Tu ne passes pas seulement d'une maison à une autre, mais d'un pays à un autre. On parle peu des immigrés de la grande maladie. Je crois même que tu viens de changer de continent.

23 janvier

Quelle attention de l'équipe soignante et quelle leçon ! Je m'interroge quant à mes « soins » à moi. Ne suis-je pas trop routinier et trop centré sur ta maladie ? Je te parle peu « du reste », de Louvain, du grand concert que nous préparons pour soutenir Ingrid Betancourt et Aung San Suu Kyi... Oui, je viens chaque jour, mais cette « fidélité » est-elle inventive ? Rude exigence de la durée : imaginer dans la répétition. Je dois absolument secouer mon épuisement, devenir plus créatif, que chaque visite se fasse un peu plus... visitation.

Ceci est ton corps

24 janvier

Tu commences à habiter ton nouveau lieu, ce qui me détend un peu. Et cela t'apaise, je le sais, de me voir sortir un livre et de prendre le temps...

Après quelques minutes d'un silence que j'ai senti léger, tu me demandes :

« Que lis-tu ?

— Grosjean.

— C'est bien, Grosjean. Lequel ?

— Un tout nouveau : *La Rumeur des cortèges*.

— Et ça parle de quoi ?

— D'Abraham sous son tamaris, de Jacob en bas de l'échelle, de déchirures aussi, d'effeuillement, de cicatrices...

— De mes cicatrices ?...

— Peut-être, oui...

— Tu me lis ?...

— Si tu veux. »

Des feux perdus dans le ciel noir clignotent.
Une ombre au fond du jardin se prosterne.
La lune éclaire alors de sa lanterne
celui qui parle bas à la nuit haute.

Ceci est ton corps

Si sombre soit devenue la nature
tu reviendras cousu de cicatrices
pour que les anciens beaux jours refleurissent
dans le pays qui n'a pas de futur[1].

« Tu connais "le pays qui n'a pas de futur" ?
— Oh, tu sais… Grosjean, c'est comme Sulivan : le passé, le futur, c'est… maintenant !
— Et les beaux jours vont refleurir ?
— C'est toi la jardinière ! »

25 janvier

Jean, ton ancien collègue aux beaux jours de l'enseignement secondaire — car ce métier te donnait beaucoup et tu le lui rendais bien —, l'ami Jean te fait souvent signe d'affectueuse présence, toujours à partager sa dernière découverte romancière. Son bon rire aussi, si doux sur ton écorchure, avec une telle compassion que je me demande s'il n'emporte pas un bout de ton mal en quittant la chambre.

---

1. Jean Grosjean, *La Rumeur des cortèges*, Paris, NRF, Gallimard, 2005, p. 61.

Ceci est ton corps

Nul ne sait le trésor d'attention qu'il porte dans son vase d'argile et à quel point les petits riens d'une visite peuvent donner couleur d'encouragement à une vie sur le fil. Et plus qu'un encouragement. Il arrive qu'une parole, même en se taisant, pousse à se relever.

27 janvier

Tu as changé de chambre et, en entrant, je découvre ta nouvelle voisine. Crâne d'Œuf ! « On m'appelle Crâne d'Œuf, j'ai l'air d'avoir sept ans, je vis à l'hôpital à cause de mon cancer... », écrit Oscar à son « Cher Dieu » au tout début du récit d'Éric-Emmanuel Schmitt : *Oscar et la dame rose*[1]. Toujours dans ses mots croisés, ta Crâne d'Œuf d'à côté me donne l'impression de faire briller sa chauvitude avec fierté ! Elle a raison. « Haut les chauves ! » et « À bas la perruque ! » doivent être ses deux slogans préférés en ce moment...

Toi, malgré un long voyage en chimiothérapie, tu n'as pas atterri en Calvitie ! Je ne dis pas

---

1. Éric-Emmanuel Schmitt, *Oscar et la dame rose*, Paris, Albin Michel, 2002, p. 10.

que « tes cheveux ondulent comme un troupeau de chèvres sur les pentes de Galaad[1] », mais il en reste assez pour que je continue à promener mes doigts dans ce jardin doré que Viviane entretient avec tant d'attention.

... Et dans ce lieu où tu te démêles,
où tu sépares l'ombre et le feu,
la nuit de tes cheveux,
ta pâle incandescence

je viens puiser ce que j'ignore[2].

Qu'est-ce que je viens puiser dans la nuit de tes cheveux ?...

29 janvier

Ce soir, très doucement, presque naturellement, comme dans nos conversations domestiques quand il s'agissait d'arrêter un menu ou de

---

1. Cantique des cantiques 4, 1.
2. François Emmanuel, « Marines du désir », sur une gravure d'Isabelle Happart, dans *La Lente Mue des paysages. Poésie 1982-2003,* Tournai, La Renaissance du Livre, 2004, p. 145.

fixer la place des invités, tu me dis à qui partager tes bijoux... Comme le Petit Poucet, tu sèmes quelques cailloux. Pour que, plus tard, je retrouve mon chemin ?

30 janvier

J'arrive à la clinique vers dix-huit heures trente et, après quelques minutes de conversation, sans m'en apercevoir, je m'endors au bord du lit...

Le soir, à la maison, tu me surprends au téléphone, tellement présente, maternelle... comme souvent ! Tu veux t'assurer que je ne me suis pas endormi au volant. Maintenant, me dis-tu, et j'entends comme tu retiens tes larmes, je vais dormir en paix.

1er février

Tu as passé de nouveaux examens. Tu m'apprends que ton estomac ne fonctionne plus. Tes intestins non plus. Tu ne pourras plus te nourrir que par voie artificielle.

Il n'y a pas de mots.

Des mains. Rien que des mains.

Ceci est ton corps

2 février

Tu m'accueilles et tu me dis tout de suite :
« Je sens que je diminue. »

3 février

Nous sommes à la croisée des chemins. Pas à la croisée, à la croix, car les chemins sont cloués.
Te nourrir artificiellement... Pour quelle vie ? Ne pas te nourrir... Pour quelle mort ?
Tu survis. À quel accident as-tu échappé ? De quel séisme es-tu rescapée ?
Tu résistes. Moi aussi. Le plus dur des granits. Le coin d'acier aura fort à faire. Nous résistons à tous les discours, qu'ils soient médicaux ou religieux. Plus un mot ! Nous ne voulons plus un mot. Rien que du silence. Ce n'est pas assez ! Du silence encore plus silencieux. Ce n'est pas assez ! De grâce, taisez-vous ! Mais personne ne parle ! Chacun retient son souffle ici. Alors pourquoi tout ce bruit ?...

Là où les deux poutres s'embrassent, je vois un écriteau pendu au clou et, sur l'écriteau, un mot, un seul mot, mais il saigne. Heureusement. Il vit. Il hésite. Il balbutie. Il pleure. Il cherche. Un mot qui n'a pas réponse à tout : *éthique*. « Art de diriger la conduite », me dit *Le Robert*. J'aime beaucoup. « Art » surtout, et sa racine indo-européenne, *are*, « adapter », « ajuster », qu'on rencontre aussi dans le grec *harmonia*, le « juste rapport ». Il faut confier l'éthique aux artistes, aux artisans, aux sculpteurs, en particulier aux ébénistes, à celles et ceux qui sont capables d'enlever, pas d'ajouter, aux céramistes pour la couleur et la cuisson, aux pastellistes pour la fragilité, peut-être même aux couturières ou aux couturiers à condition qu'ils travaillent à façon...

Accueillir un façonnier dans ta chambre, ou une façonnière, et lui confier le tissu de ta souffrance.

4 février

Une infirmière : « Comment apprendre à accepter l'inacceptable ? »

Moi : « Je ne sais pas. Faut-il apprendre ? Faut-il accepter ? »

Toi : « Un jour et puis un jour... »

Ceci est ton corps

« Accepter » me poursuit. Je préfère « approuver », plus actif. Donner son approbation. L'inacceptable est là, est-ce que je signe ? Malgré mon objection de conscience ? Accepter pour avoir la force de refuser. Ou alors consentir, je veux bien essayer, je ne promets rien, et uniquement dans le jardin où m'entraîne François Cheng :

Consens à la brisure
C'est là que germera
Ton trop-plein de crève-cœur
Que passera un jour
À ton insu   la brise[1].

6 février

Jusqu'où accompagner ?
Je m'interroge sur ce brin d'ironie qui me chuchote de temps en temps à l'oreille : « Pas trop, s'il vous plaît. »
Tu es très entourée, y compris « psychologiquement », comme on dit. L'équipe agit dans

---

1. François Cheng, *Le Livre du Vide médian*, *op. cit.*, p. 167.

la délicatesse, sans s'imposer. Une solide garantie. J'en parle donc avec sympathie. Et pourtant... Un petit quelque chose freine en moi. En toi aussi, je le sais bien. Nous sommes de la même race. Et quand nos chairs blessées se heurtent au noyau dur de l'angoisse, nous gardons un rien de distance, presque un humour, envers ce qu'on peut appeler de façon trop réductrice l'« approche psy ». Comment dire à la fois, sincèrement, merci, et, en même temps, laisser entendre qu'il ne faut pas entrer plus loin ? Ou, plus exactement, pour reprendre le mot d'Olivier Clément, savoir qu'aller plus loin, c'est surtout accepter de faire place à l'*énigme*. Je parle, moi, d'accueillir la nudité d'une parole, peut-être même son étrangeté, et d'ouvrir la porte, rien qu'ouvrir, un peu, si possible, à la rudesse évangélique.

Je ne suis pas sûr de bien me faire comprendre. Je ne refuse pas la « consolation » de l'écoute. Qui sait d'ailleurs comment je réagirais à ta place ? Je dis simplement – et ce n'est pas rien – que cette parole que nous avons brisée si souvent, comme le pain, la voilà qui se donne dans la nuit. Je propose de lui tendre la main.

9 février

Élie – le prophète ! – me rend à nouveau visite. Quittant la montagne du Dieu au souffle ténu, il redescend dans la plaine et parvient à la ferme d'Élisée, un jeune propriétaire plutôt bien nanti puisque le Livre des Rois dit qu'il laboure « avec douze paires de bœufs devant lui[1] ». Il arrive justement au douzième arpent lorsque Élie vient à sa hauteur et jette sur lui son manteau, celui-là-même qu'il portait à l'Horeb en face de Yhwh. Magnifique geste d'appel, car envelopper quelqu'un de son manteau, c'est le prendre sous sa protection, en faire son disciple. Heureux Élisée ! Et, pour célébrer la grande rupture de cette vocation, il immole une paire de bœufs, les fait cuire avec le bois de sa charrue et offre à manger à tout son entourage. Puis il se lève et suit Élie…

Est-ce que j'ose écrire qu'à l'heure de la grande rupture, Dieu a jeté sur toi son manteau ? Un appel et une protection. Une tendresse aussi. Il reste à brûler la charrue…

―――

1. I Rois 19, 19-20.

Ceci est ton corps

11 février

Huit heures trente. Je t'appelle. Tu es à bout de souffle. Tu as peine à me répondre mais tu essaies.

Dix heures trente. Tu sonnes à ton tour : « Pourquoi ne m'as-tu pas appelée ? »

Tu n'as pas réalisé.

La brûlure s'élargit.

12 février

Comme mon chant est rauque... Je voudrais t'accompagner mieux, t'encourager davantage. Mais non ! Je tâtonne. Je marche à l'aveuglette. Je m'accroche au rythme quotidien de ma visite comme à un chapelet ou à une litanie, plus maladroit qu'un débutant. Et je te dis mon impuissance.

Tu me réponds que tu sais bien...

Ce serait quoi, une présence plus vive ? Une espérance qui ne détourne pas ? Que reste-t-il quand on a renvoyé les faux-monnayeurs à leur planche à sermons ? Un courant d'air. Quelques rides sur le sable. Un mot d'amour plié en deux. Comme un papillon. La trace de la divine faiblesse.

14 février

Tu me dis : « C'est trop long. »

15 février

Tes yeux ! Si loin déjà en pays d'angoisse. Tu me serres la main, mais ton regard s'évade. Pour escalader quelle montagne ?

Même aux jours de joie, une toute fine tristesse a toujours déposé sa rosée au bord de tes paupières... J'ai cru comprendre que le départ d'une jeune maman, au temps de tes douze ans, n'était pas étranger à la source de ton regard.

16 février

Tu respires avec peine.
En te regardant, j'entends au loin, si proche, la supplication du psaume 74 :

Ceci est ton corps

« N'abandonne pas le souffle
de la tourterelle… »

Comment veux-tu que j'abandonne ?
Tu me dis la précarité des jours.
Et dans « précaire » il y a « prière ».
Tu me dis l'abîme aussi, la hantise,
la déchirure, l'incroyable sagesse.
Tu me dis la légèreté d'un gris doux
qui rejoint le roux.
Non, je ne t'abandonnerai pas.
Et toi, ne m'abandonne pas.
J'ai tant besoin de ta fragilité
pour accueillir la mienne,
et de ton souffle
pour respirer encore.

En rentrant à la maison, je relis une lettre reçue il y a quelque temps, et qui me parle aussi d'une tourterelle, mais sur une terrasse, et d'une histoire de neige et d'un oiseau blanc, que ma correspondante imagine à l'intention de son petit-fils. Un peu plus tard, elle se trouve au chevet d'une jeune femme dans le coma. Elle lui chuchote dans l'oreille l'histoire de la tourterelle et de l'oiseau blanc et puis elle

Ceci est ton corps

s'en va. Le lendemain, elle apprend la mort de la patiente. « Elle est sortie du coma vers sept heures du matin, raconte une infirmière, et elle a tenté de dire quelque chose. Les proches ont cru entendre le mot "tourterelle". Puis elle est morte. Sans doute un souvenir d'enfance. »

Tourterelle. L'offrande des pauvres dans l'Évangile[1]. L'oiseau sans défense devant les rapaces.

Écrire. Une affaire d'enfance et de mort. Une offrande de pauvre. Un souffle d'oiseau sans défense.

Écrire pour ne pas abandonner la tourterelle de la chambre 2004.

---

1. Luc 2, 24.

7

17 février

Tes premiers mots quand j'arrive : « J'ai peur que tu me trouves morte dans mon sommeil. »

En quelques secondes, le sol se dérobe. Je m'accroche à ta main et tente de répondre par le silence d'une caresse. Après un moment, je prolonge, presque tout bas, car mes propres mots me font peur : « C'est important, tu crois… comment on part ? » Les yeux embrouillés, je demande : « Nous nous sommes dit l'essentiel depuis longtemps, non ? C'est beau, tu ne trouves pas ? »

Tu me regardes. Très fort. M'as-tu déjà regardé comme ça ? Ta souffrance me regarde, bien au-delà des larmes. Je n'ai pas rencontré l'angoisse de ta question cachée. Tu veux donc mourir tellement éveillée…

Ceci est ton corps

Sans transition, tu me parles des gens à prévenir... Je risque : « Et la liturgie ? » Tu réponds : « Très simple. » Même là, le dévêtement.

18 février

Ce midi, je t'appelle au téléphone. Tu m'as bien entendu et tu veux me répondre, mais une salive épaisse ne permet pas à tes mots de refaire surface. Ils restent ensablés dans ta bouche et tu en as conscience. Terribles secondes, inattendues, car, hier soir, tu me parlais clairement. Je suis transpercé.

Après avoir raccroché, je tente de me ressaisir, de comprendre que tu te rapproches encore un peu plus de la pâte dont on fait le pain. Mais quelle levure as-tu absorbée pour que ton corps se soulève ainsi dans le pétrin de la maladie ?

19 février

J'essaie de réfléchir à la formulation de ton faire-part, à la messe du « dernier adieu »... Le dernier, vraiment ? J'arrive en larmes dans ton

Ceci est ton corps

bureau car je sais que tu avais recopié un poème de l'écrivaine belge Béatrice Libert où elle rend hommage à Picasso :

Je bois le lait de tes couleurs
l'avril de ton printemps
Je cours et me couche
dans le giron de la toile
où l'infini repose en paix
malgré les lames de rasoir
malgré l'aveuglement du monde
malgré ta voix qui n'est plus
J'aime tes déchirures
elles sont miennes
si vraies dans leur écartèlement
Tu cries encore Je t'entends
Et je réponds par le poème
en écho à la sève de la vie

Je suis plus vivante de t'avoir aimé[1].

La dernière phrase du poème, il n'y a pas si longtemps, un peu avant de partir en clinique, tu l'as agrandie et affichée au mur, au milieu

---

1. Béatrice Libert, *Le Passant fabuleux*, Marseille, Autres Temps, 2003, p. 57.

des adresses d'urgence : « Je suis plus vivante de t'avoir aimé. »

Tes déchirures sont miennes, si vraies dans leur écartèlement...

21 février

Je viens de passer la nuit dans ta chambre.

Tu es lucide et présente jusqu'au bout des ongles, tendue, concentrée à l'extrême, agenouillée déjà parmi les oliviers. Jésus aussi, après la Dernière Cène, quand « sa sueur devint comme des gouttes de sang tombant à terre[1] ». Un fils abandonné saigne des taches de coquelicots.

Le 10 août 1992, rappelle-toi, à Gethsémani. Le gardien nous accorde une demi-heure et referme la barrière derrière nous. Seuls dans le Jardin, loin de la foule, avec juste un peu de pain et de vin dans le sac à dos. Je regarde le Mur, la porte Dorée, et je célèbre l'eucharistie en consacrant l'humble pique-nique sous les oliviers. Faire *Ceci*. Ici. Comment dire le bouleversement quand nous relisons dans l'Évangile de Matthieu : « Il entra alors dans une période d'angoisse profonde

---

1. Luc 22, 44.

Ceci est ton corps

et de tristesse. "Mon cœur est triste à en mourir", leur dit-il. Restez et veillez avec moi[1]. »

Nous essayons de prier dans notre Gethsémani d'aujourd'hui. Très peu de mots, tout simples, de longs silences. Ta voix s'efface mais tes lèvres accompagnent.

Vers onze heures, tu me parles par gestes, avec autorité ! Tu veux dire : « Ne me quitte pas ! Tu dois être là ! » Si je m'éloigne, ne serait-ce qu'un quart d'heure, à mon retour, les infirmières me disent ta nervosité...

Depuis un moment, je te sens plus apaisée. Je recule de trois mètres et je m'installe à la table. Pour écrire. Je te regarde. J'écris. Je te regarde... Mes mots respirent de ta respiration difficile. Peuvent-ils boire un peu de ta nuit ? Envelopper ta grande solitude ? J'aimerais tant qu'ils veillent sur ton agonie...

Mes mots diront-ils assez la délicatesse des médecins et des infirmières, des bénévoles, leur attention au moindre signe ? Plus qu'une présence, une affection.

---
1. Matthieu 26, 37-38.

Ceci est ton corps

S'il m'arrive – et il m'arrive ! – de douter de l'humanité, quelques semaines dans une unité palliative m'indiquent assez que l'exigence de la bonté, la grâce de l'attention, offrent un avenir au dur travail de vivre.

En fin d'après-midi, je dois donner une conférence aux cliniques Saint-Luc à Bruxelles. Je m'y suis engagé depuis plus d'un an. Et surtout, je me sens très proche de l'équipe d'aumônerie qui m'invite à fêter le dixième anniversaire du « Carrefour spirituel » où juifs, musulmans, anglicans, protestants, orthodoxes, catholiques et laïques mettent en commun le meilleur de leurs ressources pour servir l'hôpital. Mais tu es là ! Et je sais ton angoisse quand je m'écarte d'un pas. Je suis écartelé.

Finalement, je pars, et, ce qui ne m'est jamais arrivé, devant une salle comble, je commence en disant : « Si vous permettez, et sans m'y attarder, je souhaite vous confier un moment de ma fragilité… » Ça m'aide beaucoup de dire en quelques mots, aussi simplement que possible, ce que nous vivons en ce moment. Jamais je n'avais parlé pendant une heure à la limite de la rupture. Je demande qu'il n'y ait pas de questions et je m'enfuis comme un voleur…

Ceci est ton corps

Tu m'attendais. Est-ce pour me donner bonne conscience que j'écris : assez paisiblement ? En tout cas, je suis entré dans ta chambre comme pour un grand bonheur, plus heureux que Marie arrivant chez Élisabeth[1] !

22 février

Sept heures. À plusieurs reprises, tu appelles : « Maman ! Maman ! »

Huit heures trente. Tes mains bleuissent. Le froid, déjà. Je te parle à l'oreille et je te confie mon prénom, par petites gorgées. Tu as compris. Je t'offre un *Notre Père* à manger de la même manière, syllabe après syllabe...

Neuf heures quinze. L'aumônière entre dans la chambre. Elle te regarde, parle un peu puis s'agenouille devant toi. À genoux comme la jeune Etty Hillesum, morte à Auschwitz le 30 novembre 1943. Elle aurait pu éviter l'arrestation, mais elle a refusé. Elle a voulu rester solidaire, réconforter les siens, les accompagner jusqu'au bout. Dans son journal, elle évoque « la fille qui ne savait pas s'agenouiller ». « Par-

---

1. Luc 1, 39-56.

Ceci est ton corps

fois, écrit-elle, au moment où on l'attendait le moins, quelqu'un s'agenouille dans un recoin de mon être. Je suis en train de marcher dans la rue, ou en pleine conversation avec un ami. Et ce quelqu'un qui s'agenouille, c'est moi. » S'agenouiller ainsi, ce n'est pas se soumettre, s'abaisser servilement, mais s'étonner. Et je comprends que l'aumônière s'étonne. S'agenouiller pour honorer la grandeur, s'incliner devant le vrai sacré, comme le soir d'un certain Jeudi. Parce que ta chambre n'est pas seulement ta chambre mais ta chambre haute, ta synagogue, ta mosquée, ton temple, ton église… Et dans cette chambre-là, comme dans la chambre de jouissance, nul ne peut entrer dit Christian Bobin, « sans aussitôt changer de nom, et de sang[1] ».

Dix heures quinze. Il y a deux minutes à peine, il faisait encore gris dehors, et voilà ta chambre envahie de lumière, d'un coup. Un soleil éclatant allume ton visage, comme un baiser du ciel pour encourager ta délivrance. « La lumière sur ma face, c'est ton dévêtement[2]. »

---

1. Christian Bobin, *Le Huitième Jour de la semaine*, Paris, Lettres vives, 1986, p. 45.
2. Salah Stétié, *Carnets du méditant, op. cit.*, p. 108.

Ceci est ton corps

Dix heures cinquante. Je te contemple comme il m'est arrivé de contempler le Saint Sacrement. Je prie devant ta face. Ta sainte face, émaciée, de plus en plus brillante, comme la cire que tu aimes tant...

Dix-sept heures quarante-cinq. Une file devant la porte... Jacky, Nicole, Jean-Claude, Florence, les enfants du Prieuré... J'en oublie. Presque comme à la crèche. Il ne manque que les moutons. Permettre à chacun d'entrer quelques minutes. Une émotion retenue. La pluie et le soleil en même temps. On espère un arc-en-ciel.

Vingt-deux heures trente. Depuis hier, je découvre que ta petite chambre est une salle d'accouchement et je vis avec toi des moments d'une intensité rare. Grand et douloureux travail d'enfantement. Dénuement suprême : naître de la mort. Mettre au monde celle que tu portes en toi. Pas seulement la mort, mais la fille, mais la femme. Celle qui est toi et qui est plus que toi.

Tu as perdu les eaux. Le col de l'utérus commence à se dilater. Les contractions se rapprochent, de plus en plus fortes, de plus en plus douloureuses. Tu respires difficilement. Je te redresse et t'encourage : « Crie ! Respire ! Crie encore ! Plus fort ! » Et tu le fais... « Oui ! Vas-y ! Encore ! Crie ! Crie ! Il vient !... »

Ceci est ton corps

« Oui, nous le savons : la création tout entière gémit dans le spasme de l'enfantement. Maintenant. Et pas seulement la création mais nous aussi, qui avons en nous les prémices, les premières traces du souffle. Nous gémissons aussi en nous-mêmes, dans l'attente de la filiation, la délivrance de notre corps[1]. »

Grâce à toi, j'apprends un nouveau métier : sage-homme ! Parmi les sages-femmes...

23 février

Une heure trente-cinq. L'infirmière de nuit entre dans la chambre. Nous glissons des oreillers supplémentaires pour te faciliter la respiration.

Une heure quarante-cinq. Je regarde ton visage. On dirait qu'un artiste vient de le sculpter. Un peu plus tard dans la nuit, dressée dans ton lit, presque assise, tu dodelines de la tête vers la gauche, très fort. Des images m'envahissent... Tu es une œuvre unique.

Six heures quinze. Est-ce parce que je sens que l'enfance monte en toi, que tu deviens de plus en

---

1. Épître de Paul aux Romains 8, 22-23.

plus vaste ? Une paix que je n'osais pas espérer me promène un long moment au jardin du merci.

Quinze heures. Samuel et Christine nous rejoignent avec une pudeur extrême. Une présence à voix basse. Un souffle d'accompagnement. Mon grand filleul m'offre le cadeau de sa timidité. Je ne savais pas qu'on avait tant besoin de timidité du côté de la mort.

Dix-sept heures quarante. Des infirmières me disent que tu te fermes. Elles voudraient te rejoindre « là où tu vas », mais sentent un éloignement, une distance. Je perçois une souffrance chez elles, comme si tu refusais d'être accompagnée au moment où la terre approche. Je ne crois pas que tu refuses, mais je te vois de plus en plus concentrée, comme Jésus à la fin, quand il répond à Simon-Pierre que « là où je vais, tu ne peux me suivre maintenant[1] ». Terrible dénuement de ceux qui restent...

« Comme le temps approchait où Jésus allait être enlevé de ce monde, il prit avec courage la route de Jérusalem. » « Il affermit ses faces », traduit Chouraqui. On pourrait dire aussi qu'« il durcit son visage » comme le Serviteur souffrant de Yhwh au troisième chant d'Isaïe : « C'est

---

1. Jean 13, 36.

Ceci est ton corps

pourquoi j'ai rendu mon visage dur comme pierre. Je sais que je ne flancherai pas[1]. » Jésus est tendu et il entre en agonie, c'est-à-dire, au sens premier, qu'il part, angoissé, au combat... contre la mort.

Le visage tendu, tu marches, toi aussi, vers ta Jérusalem. « Là où tu vas », nous ne pourrons aller autrement que toi : seuls. Ton agonie ne nous épargne pas. Elle nous ouvre – déjà ! – à notre solitude.

La nuit avance. Tu gémis quelquefois, à peine un bruissement, ou alors, soudain, un début d'ouragan. Tu trembles. As-tu froid ? Peur ? J'essaie de te bercer, d'embrasser ton tremblement, de te serrer assez pour qu'un peu d'apaisement revienne en toi. Je suis la mère que tu as perdue toute petite. Sommes-nous appelés à devenir les enfants de nos enfants ?

24 février

Vingt heures. Ta journée n'a pas été bonne. Mais que signifie encore « bon » ?

---

[1]. Isaïe 50, 7.

Ceci est ton corps

Je ne veux plus te quitter. Je ne peux plus. Des amis s'offrent à me relayer. Je dis non ! Même te laisser une heure pour reprendre du linge à la maison m'est insupportable. Je sais pourtant que nous avons « devancé »... mais je vis la grâce de ces jours uniques comme une grande retraite, si rarement offerte dans l'existence. Un peu comme à la veille de mon ordination... Besoin de lire, de prier, d'adorer dans la chapelle de ta chambre. De plus, j'ai vraiment le sentiment qu'on forme, avec le personnel de l'unité, une petite communauté monastique. Avec du silence, des rires, les repas, les conversations à mi-voix dans le cloître du couloir. Et les offices auprès de toi. La liturgie des Heures. Des Heures de soins. Des Heures de toilette en particulier. Belle et vive liturgie, si amoureuse de ton corps. Les doigts délicats de la prêtresse rafraîchissent doucement la peau de ton fruit déjà mûr. À certains moments, je crois qu'elle touche la pulpe de ton âme.

Vingt et une heures. Entends-tu encore ? Je te propose la messe dans l'oreille... De la tête, tu me fais un tout petit signe d'approbation. Je crois... Je redemande. Oui, tu dis oui.

Jamais, sur trente-six ans de sacerdoce, les paroles de la consécration n'ont fait saigner

Ceci est ton corps

ainsi mes terres intérieures. Car ils sont violents, ces mots-là, comme un scalpel en pleine chair. Les yeux fermés, mes lèvres contre ton oreille : « Ceci est mon corps. » Quatre mots. Est-il plus court chemin entre la naissance et la mort ? Toute une vie, l'entier d'un Évangile dans ces quatre mots. Je les détache, lentement, dans un bouche à oreille aussi physique que spirituel, je les libère, je veux qu'ils te traversent, qu'ils te transforment, car ces mots-là ne sont pas que des mots, ils sont un poème, un poème en feu, et je veux que ce poème te pénètre, et que tu brûles et que ton corps tout entier devienne eucharistie.

Du bout du doigt, je dépose une goutte de vin sur tes lèvres. « Mon sang. » Pour la route. Pour la joie. En attendant le vin nouveau.

25 février

Treize heures. « Que va-t-on lui mettre ? As-tu prévu les vêtements ? » me demande Jacqueline. Je n'ai rien prévu du tout... Douleur de m'arracher à la chambre et de passer à la maison. Vingt kilomètres, deux fois. Insupportable éternité. « Vous êtes sûre qu'elle tiendra encore

Ceci est ton corps

ce temps-là ? » Stupide question. Qui peut être sûr ? Dans la voiture, je te supplie : « Attends-moi. Je ne serai pas long. » Mais je roule plus lentement que d'habitude, obsédé par la panne, par l'accident…

« Tu te rappelles, la veille de l'opération, comme tu étais belle, si jeune ? Si tu devais choisir, que prendrais-tu ? » J'ouvre la garde-robe et je vais directement vers l'ensemble bleu ciel du 28 juin. Un tissu tout léger, si printanier, tellement doux dans les mains. Je le serre contre ma poitrine et je m'en imprègne jusqu'à ce que ton parfum me rejoigne. « Tu seras encore resplendissante, tu vas voir ! »

De retour vers la clinique, une parole de Pablo Neruda ramassée il y a vingt ans près de sa maison, à Isla Negra (l'île Noire) en bord d'océan Pacifique. Je venais de déposer quelques roses sur la tombe du président Allende :

Je veux faire avec toi
Ce que le printemps fait
Avec le cerisier.

Dix-sept heures. La marée avance rapidement. Tu t'enlises de plus en plus. Terrible montée des eaux. Je ne sais pas qui de nous deux est le plus angoissé. J'appelle au secours. L'infirmière t'installe une aspiration endotrachéale. Le bruit de la mécanique entre en moi à coups de marteau... mais tu es sauvée de la noyade. La plage du monastère retrouve un peu de calme. Pour combien de temps ?

Vingt heures. Ta respiration reste douloureuse. L'encombrement pulmonaire te ramène sans cesse en bordure d'étouffement. Je te tiens la main en lisant quelques *Prières glanées* par le père André Gouze de l'abbaye de Silvanès. « Prier comme on vit, dit-il, aux éclats ! » Et un peu plus loin : « La prière *endieuse* les amants et poétise les saints[1] ! » Il emprunte le verbe « endieuser » à Joseph Delteil dans son *François d'Assise*. Le poète occitan voulait désigner ainsi « la folle et joyeuse habitation de Dieu en lui ». Que Dieu habite follement en toi, j'en suis sûr. Pour la joie, il faudra un autre rendez-vous ! En attendant, tu « endieuses » dans la souffrance d'une folle angoisse...

Vingt et une heures. L'infirmière te masse très doucement avec des huiles essentielles. Les pieds surtout. Je ne sais pas quelle prière l'habite, mais ses pouces font entrer en toi

---

1. Namur-Paris, Fidélité, 2004, p. 4.

Ceci est ton corps

quelque chose de son recueillement. Et ton corps en devient doublement lumineux. Je pense à Marie-Madeleine et à son parfum, un soir, chez Simon...

Aujourd'hui, j'en suis convaincu, les Saintes Femmes travaillent surtout en soins palliatifs. Il leur arrive même d'intégrer parmi elles de saints hommes !

Vingt-deux heures cinq. La mer se déchaîne. Pomper. Accueillir ton visage supplicié. Pomper. Supplier que le bruit s'éloigne. Pomper encore. Le vent semble un peu se calmer. Mais comment ton cœur tient-il ?

Vingt-deux heures quarante. Les grandes eaux, de plus belle. La machine, le tuyau. Non ! Tu tournes la tête. Toute seule. Tu refuses. Tu veux que ça s'arrête, que la vague t'emporte...

Vingt-trois heures quinze. La couleur de ta peau change rapidement. J'appelle l'infirmière. Nous te redressons. Je te serre très fort dans mes bras. Je sens que les secousses diminuent, comme après un violent chagrin. Tu connais enfin quelques secondes d'apaisement. J'ai juste le temps de déposer le duvet d'un baiser sur ton front. Un nuage tout léger traverse ton visage. Tu viens de rejoindre un autre jardin. Je sais qu'on t'y attend pour faire fleurir les roses...

Ceci est ton corps

26 février

Vers minuit et demi, les deux infirmières du couloir viennent me chercher. Je ne reconnais pas la chambre. On se croirait au fond d'une chapelle romane, au moment où le jour décline, en plein été. Une fraîcheur toute neuve encourage le calme et la respiration. Quelques fleurs, une musique contemplative, du parfum... Même les bougies se recueillent tendrement. Une vraie liturgie. Des mains artistiques et monacales sont passées par là peu avant matines pour préparer ce bel office de nuit.

Après m'avoir accompagné quelques minutes, les deux officiantes nous laissent en tête à tête.

Une haleine de lumière éclaire ton visage. Tu es belle. Évidemment ! Je reste un long moment en adoration et puis j'entame la conversation. Tu m'écoutes avec un léger sourire.

Ma prière n'est plus qu'un merci.

8

27 février

Tu reposes à la maison, face à ton jardin.
Quelques pépites de soleil tamisées par la neige allument tendrement ton cercueil.

28 février

Rien de pesant dans la procession des visites. Le contraire. Presque une détente, beaucoup de naturel en tout cas, et une vraie chaleur dans la simplicité des conversations. Faut-il attendre la mort pour donner vie à une parole aussi fraternelle ?

La main de Jean-Claude a offert une petite touche de légèreté à la chambre si peu mortuaire. Je souhaitais que l'on se sente « chez soi », aussi proche que possible du plus ordinaire, avec juste un soupçon de musique pour que les silences soient accompagnés. Et c'est mieux encore que je n'imaginais, sans compter les surprises, comme la visite de personnes « inconnues » dont un parent t'avait côtoyée en chambre, et qui ont vu l'annonce de ton décès dans les journaux. Pouvait-on souhaiter plus bel hommage ?

Chacun s'en est allé. Me voici seul avec toi. Avant de prendre un peu de repos, je m'assieds quelques minutes à tes côtés. Où commence la prière et où finit la conversation ? Nous avons si souvent échangé dans ce petit salon à côté de ta chambre, accueilli, débattu, fêté la Saint-Nicolas des enfants du Prieuré...

En me levant, je te dis « bonne nuit », avec un grand sourire à l'intérieur, et en me disant que ta nuit allait peut-être veiller sur la mienne... Je touche ton cercueil de la main, la paume, le dos des doigts, je vais, je viens, si doucement... Est-ce que ma caresse va traverser le bois ?

Ceci est ton corps

1ᵉʳ mars

Ce soir, nous avons invité le village et les proches du Prieuré. Pour te veiller et pour célébrer avec toi le mercredi des Cendres. Pour recevoir encore cette petite lueur que tu nous as offerte si souvent. Dans la poussière blanche des jours douloureux, reconnaître ton feu. Réentendre aussi la brûlure d'une Parole.

Parmi les textes retenus, tu ne seras pas étonnée, Sulivan et son *Devance tout adieu*. Un de tes livres de chevet. En particulier, ce passage que tu as souligné aux pages 194-195 :

« On dit que le chrétien souffre moins parce qu'il croit. Ce n'est encore qu'une conception magique de la foi. Le *ciel*, l'*au-delà*, impossible de me les représenter, ce sont des mots. Le monde n'est pas seulement fait de terre, d'eau et de lumière, mais aussi de ténèbres. La foi n'est pas seulement lumière mais ténèbres aussi. Tout ce qui est gagné sur l'égoïsme, la puissance, l'orgueil, tout ce qui se transforme en amour réel, voilà le ciel. L'autre est donné par surcroît : mais il est totalement autre, une grande nuit. Je n'aime pas qu'on s'occupe trop du ciel. Vous la retrouverez au ciel. Je ne sais ce que cela veut dire. La certitude d'une présence éternelle je l'ai, mais elle n'atténue point *hic* et *nunc* le déchirement. »

« Tout ce qui est gagné sur l'égoïsme... »
Je repense à une émission de télévision consacrée à « La spiritualité laïque », où l'ami philosophe Jacques Sojcher, professeur à l'Université libre de Bruxelles, « athée convaincu et heureux » (ce sont ses mots), parle de sa « quasi-transcendance ». Dans une religion, explique-t-il, et c'est un beau mot, il y a une *donation*. Une vérité donnée. D'autres diront une *révélation*. « Pour moi, il n'y a pas donation mais invention. Et cette invention d'un sens, individuelle, collective, planétaire, n'est pas que pour moi. Protester contre l'injustice, lutter contre la barbarie, faire circuler le bonheur de vivre. Oui à la vie. Oui au corps. Oui au plaisir. Il n'y a pas de seconde session. Grandeur tragique de l'éphémère : tout se joue ici et maintenant. Voilà la bonne nouvelle ! »

Cher Jacques, comme tu as raison ! Tout se joue ici et maintenant. La mystique chrétienne n'a jamais rien dit d'autre. Et le christianisme,

Ceci est ton corps

nous avons constamment à le réinventer. Et à revisiter les Béatitudes. Et à redessiner l'infini. Et à redire Dieu, de génération en génération. Imagines-tu que je puisse rejoindre, une seconde, une foi qui ne soit créatrice ? Il n'y a pas *donation* sans *invention*. Voilà la bonne nouvelle !

Après l'amitié au sortir de l'église, un peu de solitude auprès de ton cercueil. Et la cendre de quelques mots d'un poète que tu aimais bien :

L'éternité
Ne fut jamais perdue.

Ce qui nous a manqué
Fut plutôt de savoir

La traduire en journées,
En ciels, en paysage,

En paroles pour d'autres,
En gestes vérifiables.

Mais la garder pour nous
N'était pas difficile

Ceci est ton corps

Et les moments étaient présents
Où nous paraissait clair
Que nous étions l'éternité[1].

Quelle bonne traductrice tu fus !

2 mars

Partir encore. Et encore de la maison. Rejoindre ce matin l'église Saint-François de Louvain-la-Neuve. La neige et le soleil célèbrent timidement leurs fiançailles. « Béni sois-tu pour notre sœur la neige », chante le Pauvre d'Assise. Les oiseaux, de fort bonne humeur, accompagnent la liturgie de la levée du corps. Peut-être faudrait-il dire « de la levée du cœur » ? Trois frères derrière toi. Et Dieu sait que tu les aimais bien mes deux aînés. Au moment où ton cercueil franchit la porte et fait halte un instant sur le seuil pour te permettre d'admirer ton jardin de jeune mariée, la chorale des brebis et des chèvres salue bruyamment ton départ.

---

1. Guillevic, *Sphère*, Paris, Poésie/Gallimard, 1977, p. 124.

Ceci est ton corps

Construite par Jean Cosse à qui l'on doit quelques-unes des grandes réussites de l'architecture religieuse contemporaine, l'église Saint-François où tu es venue si souvent lors des célébrations de l'université t'offre l'accueil d'une lumière presque printanière, plus douce encore quand je vois, en entrant, la couronne des amis autour de l'autel. Et mes trois filleuls. Sur ton cercueil, Jean-Claude a déposé un morceau de voile blanc. À moins qu'il ne s'agisse d'un corporal, ou d'une serviette avec laquelle le prêtre essuie son calice et ses doigts, un linge nu en tout cas, légèrement froissé après la nuit du tombeau. Mais peut-être n'y a-t-il pas grande différence entre un linceul, un purificatoire et un drap d'hôpital...

Pour chaque lieu que tu as fréquenté, une flamme vient dire un bout de ton histoire : Léonie, Godelieve, Christine, Jean, Jacky, Amélie vont te l'offrir en tremblant un peu.

S'avance alors « l'homme qui marche »...

Depuis ton lit d'hôpital, tu as suivi la belle aventure de cette création théâtrale mise en scène par Philippe Vauchel et interprétée par Jean-Marie Pétiniot avec la connivence musicale de Didier Laloy.

Ceci est ton corps

Au lutrin, à quelques mètres de toi, Jean-Marie ouvre le poème :

« Les quatre qui décrivent son passage prétendent que, mort, il s'est relevé de la mort. Là est sans doute le point de rupture : cette histoire qui emprunte par bien des côtés à la lumière sereine d'Orient prend ici une dimension incomparable. Ou l'on se sépare de cet homme sur ce point-là, et on fait de lui un sage comme il y en eut des milliers, quitte à lui accorder un titre de prince. Ou on le suit, et on est voué au silence, tout ce que l'on pourrait dire étant alors inaudible et dément. Inaudible parce que dément. L'homme qui marche est ce fou qui pense que l'on peut goûter à une vie si abondante qu'elle avale même la mort[1]. »

Didier s'approche de ton cercueil. Il se penche vers lui comme je me suis penché vers ton oreille il y a quelques jours... Son accordéon diatonique te chante quelques notes, si près... Je ne sais plus où commence le texte de Bobin,

---

1. Christian Bobin, *L'homme qui marche*, Cognac, Le Temps qu'il fait, 1995, p. 32.

Ceci est ton corps

où il finit, et où passent les mots et où traverse la musique, tant les lèvres de Jean-Marie et les doigts de Didier sont en communion avec toi.

« Quand on est peintre, musicien, sculpteur, écrivain, danseur, comédien... il arrive que l'on se retrouve en pleine lumière, confie alors Jean-Marie, et pour un acteur, la chose la plus belle tient dans l'éclaboussure de cette lumière sur le public, et le rendu, surtout, de cette éclaboussure par les yeux des spectateurs. » Il veut parler du rendu de tes yeux, de leur éclaboussure, même dans la grisaille, sur scène, en coulisses, dans une loge, à l'autel, à la sacristie, en cuisine... et il offre à l'assemblée la couleur qui te ressemble : « Du bleu tacheté de roux écureuil. »

Un autre poète, silencieux jusqu'ici, rejoint la liturgie. Gitan, Jean-Marie Kerwich vient d'écrire, depuis sa roulotte, un premier recueil qui m'a beaucoup soutenu au plus dur de l'accompagnement : *L'ange qui boite*[1]. De vraies perles de joie. Par exemple : « L'esprit ne porte pas la soutane. » Elle t'aurait fait bien rire, celle-

---

1. Jean-Marie Kerwich, *L'ange qui boite,* Cognac, Le Temps qu'il fait, 2005.

Ceci est ton corps

là ! Mais une joie franciscaine toujours attentive à la douleur du monde, là où fleurit la grâce des Béatitudes. De toutes petites Béatitudes. Des Béatitudes gitanes, vagabondes...

Quelle traduction choisir pour les dire au plus juste, ces Béatitudes bohémiennes ? La proposition de la Bible Bayard chante un hymne à la joie, bien accordé à la poésie nomade de Kerwich :

« Voyant les foules, Jésus se rendit sur la montagne. Il s'assit, et ses disciples vinrent l'y retrouver. De sa bouche sortirent ces mots – un enseignement.
"Joie de ceux qui sont à bout de souffle,
    le règne des Cieux est à eux.
Joie des éplorés,
    leur deuil sera plus léger.
Joie des tolérants,
    ils auront la terre en héritage.
Joie de ceux qui ont faim et soif de justice,
    ils seront comblés.
Joie des êtres compatissants,
    ils éveilleront la compassion.
Joie des cœurs limpides,
    ils verront Dieu.
Joie des conciliateurs,

Ceci est ton corps

ils seront appelés enfants de Dieu.
Joie des justes que l'on inquiète,
　　le règne des Cieux leur appartient.
Joie, oui, joie, dans le mépris, la persécution, le fiel, à cause de moi, joie et joie encore pour vous, un salaire élevé vous attend dans les cieux. Car avant vous c'est ainsi qu'on a harcelé les prophètes"[1]. »

Ces Béatitudes romanichelles, chacun va s'en emparer : Marie-Anne à l'orgue, Mathilde au violoncelle, Christophe et Jean au chant, Florence, Jean-Claude, Christine, Corinne, Geneviève, Jacqueline, Jean, Sébastien, François-Xavier, Samuel... dans une sorte de récit-pèlerinage qui sème des grains de joie sur une terre à bout de souffle. Et Jacques Aubelle dont la beauté des pastels rendra le départ plus léger.

Comment dire l'inconsolable joie, la violence de l'espérance quand on se sent porté par une présence qui appelle à une présence plus large encore ? Dans l'assemblée, à côté de la famille, des collègues et des proches du Prieuré, je reconnais un de tes chirurgiens qui t'a ouverte

---

[1]. Matthieu 5, 1-12, traduction de Marie-Andrée Lamontagne et André Myre, *La Bible*, Paris, Bayard, 2001.

Ceci est ton corps

avec délicatesse, comme on ouvre la porte du tabernacle, en faisant la génuflexion. Je vois aussi quelques amis francs-maçons, et cela me touche beaucoup car leur présence, ici, élargit le mystère de l'Incarnation. Je ne savais pas qu'un jour le corps des autres compterait autant pour moi, si proches du cercueil et si proches de l'autel. À la consécration, le *Ceci est mon corps* que je t'ai partagé tant de fois durant ces huit derniers mois prend une ampleur physique que je ne soupçonnais pas, comme si chaque corps entrait dans le *Ceci* et comme si, maintenant, j'osais dire à chacun ce que je te disais à toi : *Ceci est ton corps.* Ai-je jamais compris comme ce midi à quel point chacun porte en soi quelque chose de la chair de l'autre ?

À la fin, quand l'accordéon reprend la parole, il imprime en moi une image qui ne me quittera plus : la danse de Didier autour du cercueil. Plus qu'une émotion, une joie, presque un rire, le plus délicat des encensements quand la vie et la mort s'enlacent en bordure d'Évangile.

Arrivée à Sainte-Marie pour la liturgie du dernier adieu. Le village t'attend. Tu n'y étais que depuis vingt ans (ce qui est très peu ici !), mais tu as su le rencontrer jusque dans ses racines.

Avant de rejoindre ta terre d'adoption, de l'eau, du parfum, de l'encens, des aromates… une liturgie sensuelle, comme elle devrait toujours l'être, et qui va puiser au profond de la tradition ses expressions les plus contemporaines. Jean-Claude te glisse dans la litanie des saints et puis nous te chantons, comme à Claire d'Assise : « Pars en toute quiétude. » Le dernier mot nous est donné par la romancière et musicienne Hélène Grimaud : « … seule la mort offre à l'esprit de saisir ce point si central où la vie, la vie justement, retrouve son urgence[1]. »

3 mars

Tu reposes en terre d'amitié, juste à côté du Prieuré. La vieille tour carrée de l'église qui en a veillé tant d'autres depuis le Moyen Âge t'enveloppe de son regard rassurant. À deux pas, ta maison aussi fleurira d'attention. Il suffit de traverser la rue…

---

1. Hélène Grimaud, *Leçons particulières,* Paris, Robert Laffont, 2005, p. 56.

... terre ma terre tu empliras ma bouche, tu viendras te coller contre ma peau nue, écrit François Emmanuel à l'heure où sa maman rejoint « le trou du caveau de famille ».

... argile mon argile qui soignait si bien les hommes, dont nous aimions tant le toucher sur nos lèvres, tu viendras te mouler comme l'amoureuse...

Amoureuse de la terre, tu la retournais, tu y enfonçais les mains jusqu'à pleine paume, tu la collais contre ta peau nue...

... terre ma terre, sois légère, sois douce, Dieu accueille notre sœur en ton sein, en ton ventre, en ton labour, en ton ensemencement[1]...

4 mars

Ta tombe sous la neige m'évoque ce roman d'Ignazio Silone dont je parle chaque année à mes étudiants : *Le Grain sous la neige*. Plus léger encore en italien : *Il Seme Sotto Neve.*

Traqué par les fascistes, Pietro Spina s'est réfugié dans une étable en plein hiver. Un

---

1. François Emmanuel, *Portement de ma mère*, Paris, Stock, 2001, pp. 61-62.

Ceci est ton corps

matin, à travers l'échancrure de la porte, il découvre un grain de blé en train de germer. Et ce grain devient soudain, pour lui, la grande affaire de son existence précaire et même, pour ainsi dire, le centre de gravité de son âme. Pour le préserver du gel, il le couvre d'une poignée de terre. Chaque matin, à genoux, il écarte le petit bout de planche et fait fondre un peu de neige au-dessus de la motte pour lui donner l'humidité nécessaire ; et, afin que la chaleur ne lui manque pas, souvent, il souffle dessus.

Nous t'avons mise en terre pour que tu germes, toi aussi, et nous avons fait de ta tombe un jardin. N'aie crainte, nous arroserons régulièrement. Et nous viendrons souffler dessus pour que la chaleur ne te manque pas...

5 mars

Jacky-du-Prieuré, ton ami jardinier de la première heure, m'annonce comme une grande nouvelle qu'il a vu les hommes du cimetière, qu'ils ont bien fait leur travail et que ce serait une bonne idée de leur offrir un verre... Il

Ceci est ton corps

ajoute qu'il faut maintenant laisser la terre se reposer. Longuement. Elle est très fatiguée. Et toi ?

6 mars

Surprise de découvrir que des inconnus de passage ont déposé une fleur dans ton nouveau jardin. Sans laisser d'adresse.

7 mars

Noisette m'a rejoint devant ta tombe. Elle me frotte les jambes et tourne en rond six ou sept fois d'affilée. Danse amoureuse d'une petite derviche tourneuse. Des amis me disent qu'elle vient parfois seule sur ta tombe et se couche au milieu des fleurs...

8 mars

Un mail parmi beaucoup, qui a dû s'échapper, dimanche, des communiqués colombophiles. L'amie speakerine m'écrit : « Il arrive qu'on soit brisé par le chagrin. Sable – ou poussière –, l'épreuve du feu nous forge. C'est la force et la fragilité de notre part minérale. Car Dieu est un sacré souffleur de verre. »

Christine : « Lorsque le téléphone sonne et que je décroche... je voudrais encore entendre la manière dont elle prononçait mon nom. »

L'ami Piem : « Je souhaite poser ma tête sur ton épaule et pleurer et sourire d'espérer avec toi. »

9 mars

Terrible vide. Je me sens bien plus au fond du ravin que je ne l'imaginais. Malgré l'amitié. Et le deuil a besoin de retournement. Louvain ne me donne pas le temps de cet enfoncement. La vie professionnelle détourne la vie de son cours. Un hold-up par consentement mutuel.

Heureusement... les poètes, les moutons, les chèvres, les cloches de l'angélus ont plus de compréhension. Les chats surtout. Le soir, pleins d'attention, Zachée et Noisette se couchent, silencieux, près de mon fauteuil. En me regardant.

Ceci est ton corps

10 mars

Au courrier, ces quelques mots d'un ami franc-maçon : « Je me suis senti très proche de vous tous au point d'être l'un des vôtres en votre communion d'un adieu. Mon "instinct" de l'immanence s'est fondu dans le creuset de la seule vérité : il n'y a pas de barrières entre les hommes quand émerge la part sublime de l'humain. »

11 mars

Je relis *L'Arbre dans la mer* de Bernard Feillet[1]. Lumineuse parabole de la foi qui déplace les montagnes[2]. L'accueil de l'impossible avec juste « un peu de foi ». Et cette confidence dès le premier chapitre :

> « La mort de ceux qui m'ont révélé la vie m'a fait découvrir, à l'âge de la maturité, que ce n'était pas les récits de la résurrection de

---

1. Bernard Feillet, *L'Arbre dans la mer*, Paris, Desclée de Brouwer, coll. « Littérature ouverte », 2002.
2. Matthieu 17, 20.

Ceci est ton corps

Jésus qui m'accompagnaient, mais l'expérience charnelle que ces êtres n'étaient pas morts et que je continuais à vivre de leur vie. (...) La Parole "Jésus est ressuscité", donnée comme fondatrice, ne se suffit pas à elle-même : il n'y a pour nous de résurrection du Christ que dans l'invention permanente des Béatitudes[1]. »

L'expérience charnelle que tu n'es pas morte... oui, et que tu m'appelles au jardin des Béatitudes.

12 mars

À la maison, je trouve une bouteille où tu as écrit : « Eau du Jourdain entre Jéricho et Tibériade, 1992. » Une eau rare que j'utilise avec parcimonie, comme un parfum de grand prix, pour un baptême, une nuit pascale.

Le soir, tout seul, presque comme un voleur, j'ai plaisir à bénir la tombe de ton baptême avec une eau aussi vive. Et avec un bout de poème de Gilles Baudry :

---
1. Bernard Feillet, *L'Arbre dans la mer, op. cit.*, p. 16.

Ceci est ton corps

Ne crains pas de traverser tes Jourdains
Leurs grandes eaux ; d'accueillir en ta mort
Ta seconde naissance. Haute folie
D'aimer sa pauvreté[1].

Haute folie. Vraiment.

13 mars

Sont-ce tes pas dans la neige ?
Est-ce toi la nouvelle jardinière des lieux ?
« Rabbouni ! » dit la Magdaléenne quand elle le reconnaît.
Comment dit-on « Rabbouni » au féminin ?
« Ne me retiens pas ! » répond Iéshoua[2].
Ne pas te retenir. Encore un dénuement. N'était-ce pas assez de te laisser partir à l'heure de l'agonie ?

Sont-ce tes pas dans la nuit de mon sang ?
Ne pas repousser l'obscur.

---

1. Gilles Baudry, *Présent intérieur*, Mortemart, Rougerie, 1998, p. 88.
2. Jean 20, 16-17.

Ceci est ton corps

Accueillir la patine de nos défunts...

Accepter qu'ils se tiennent dans l'énigme de l'ombre.

Alors... Alors seulement... Alors seulement peut-être... ils nous révéleront la couleur de l'obscurité. Une couleur découverte un jour chez le poète et romancier japonais Tanizaki Junichiro qui a construit dans la solitude une œuvre rare en hommage à la beauté du noir. Comme Barbara !

Dans son *Éloge de l'ombre* publié à Tokyo en 1933, il raconte qu'il est amené un jour à conduire un visiteur dans la Maison Sumiya de Shimabara, et c'est là, dit-il, « que j'ai aperçu, une seule fois, certaine obscurité dont je ne puis oublier la qualité. C'était dans une vaste salle qu'on appelait, je crois, la "Salle des pins", détruite depuis par un incendie ; les ténèbres qui régnaient dans cette pièce immense, à peine éclairée par la flamme d'une unique chandelle, avaient une densité d'une tout autre nature que celles qui peuvent régner dans un petit salon. À l'instant où je pénétrai dans cette salle, une servante d'âge mûr, aux sourcils rasés, aux dents noircies, s'y trouvait agenouillée, en train de disposer le chandelier devant un grand écran ; derrière cet écran qui délimitait un espace lumi-

Ceci est ton corps

neux de deux nattes environ, retombait, comme suspendue au plafond, une obscurité haute, dense et de couleur uniforme, sur laquelle la lueur indécise de la chandelle, incapable d'en entamer l'épaisseur, rebondissait comme sur un mur noir. Avez-vous jamais, vous qui me lisez, vu "la couleur des ténèbres à la lueur d'une flamme" ? Elles sont faites d'une matière autre que celle des ténèbres de la nuit sur une route, et si je puis risquer une comparaison, elles paraissent faites de corpuscules comme d'une cendre ténue, dont chaque parcelle resplendirait de toutes les couleurs de l'arc-en-ciel. Il me sembla qu'elles allaient s'introduire dans mes yeux et, malgré moi, je battis des paupières[1] ».

Laisser la cendre de nos défunts resplendir de toutes les couleurs de l'arc-en-ciel.

Recueillir la bruine de lumière qui s'échappe quelquefois de la terre où leur corps poursuit son « travail de luminescence ».

Et battre des paupières...

Ta présence d'aujourd'hui n'a pas la couleur de l'émeraude, ni l'éclat du diamant. Tu préfères la lueur paresseuse du jade ou de l'agate.

---

1. Tanizaki Junichiro, *Éloge de l'ombre*, Paris, Publications orientalistes de France, 1993, pp. 86-87.

Ceci est ton corps

Une proximité incertaine, comme un voile de laque dans une chambre un peu retirée, à l'heure du thé.

Sont-ce tes pas dans le jardin des roses ?
Je sais que tu y passes parfois pour y renouveler tes parfums. Fais-moi donc un signe, même tout petit, que je batte un instant des paupières, juste le temps d'apercevoir le fleurissement de tes yeux.

9

20 décembre

Neuf mois ont passé. Le temps d'une grossesse…

Ce matin, le maître-tailleur a placé la pierre bleue. Pas question de recouvrement – « qui nous roulera la pierre[1] ? » – mais d'un oreiller où reposer la tête. Michel Olyff a voulu t'offrir ce dernier cadeau : dessiner les lettres de ton nom et les associer au logo du Prieuré. Toujours précis, ce grand artiste de la ligne claire a mesuré les équilibres et indiqué les profondeurs de taille pour qu'au fil des heures les lettres de ton alphabet puissent danser avec la lumière. Ainsi, tu continueras à chanter l'office du poème avec nous.

Je caresse la texture de ton nouveau lit. Un

---

1. Marc 16, 3.

Ceci est ton corps

doux contact un peu humide, mais pas froid du tout, plutôt tiède, comme la main, parfois, sur les nervures d'une feuille d'arbre.

Un ami médecin, surtout médecin des mots, célèbre bien cette liturgie minérale :

La lumière
Serait cet étroit passage,

Entre
Une pierre
Et tous les noms que porte la pierre
En son centre de gravité,

Entre
Les noms d'une pierre
Et les creux qui sont la pierre.

Ainsi serait peut-être la lumière des choses,

Un étroit passage,
Un passage imperceptible et fragile

Entre les choses
Et les choses elles-mêmes[1].

---

1. Yves Namur, *Le Livre des sept portes*, Paris, Lettres vives, coll. « Terre de poésie », 1994, p. 103.

Ceci est ton corps

22 décembre

« Un étroit passage »...
J'ai noté ta nouvelle adresse : route du dénuement. À moins qu'il ne s'agisse de la mienne.

Route du dénuement.
Parce qu'il faut jeter le vieux pour revêtir le neuf.
Parce qu'il faut passer par l'infime pour rejoindre l'immense.
Parce qu'il faut inviter l'ombre pour recevoir la lumière.
Route du dénuement.
C'est la seule, il n'en est pas d'autre, si je veux encore entendre ma corde sous ton archet.
Route du dénuement.
Je suis comme un mystique qui avait grande soif, juste à côté d'un puits.
Il fait descendre son seau pour en tirer de l'eau et, quand il le remonte, pas une goutte, mais un seau rempli d'or.
Il s'empresse de jeter cet or et fait descendre le seau pour la seconde fois, car sa soif est loin

de s'apaiser. Quand il le remonte, le seau est plein d'argent.

Il jette l'argent et fait descendre le seau pour la troisième fois. Une dernière tentative, se dit-il et, pour l'encourager, avec le seau il fait aussi descendre une prière au fond du puits : « Mon Dieu, je sais que tu es plein de trésors, mais je te demande seulement un peu d'eau. Donne-moi à boire. J'ai si soif ! »

Il remonte le seau et le voilà plein d'eau.

Route du dénuement.

Pas de grands mots. Juste un peu d'eau pour marcher encore et deviner une faible lumière entre la pierre et le nom que porte la pierre...

24 décembre

Un étroit passage...

Plus étroit que celui de la crèche ? Un Dieu vient au monde par la porte étroite. Juste une échancrure dans le tissu de la religion. Et toi ? Par quelle déchirure vas-tu nous rejoindre ce soir ?

Une histoire me revient, si proche de la tienne, de ton métier. Serait-ce ta manière de

Ceci est ton corps

nous envoyer une rose de Noël ? Nikos Kazantzakis, tu te rappelles ? *Zorba le Grec*, bien entendu, ou *La Dernière Tentation du Christ*, puisque le cinéma s'est fortement inspiré de son œuvre. Sans oublier *Le Pauvre d'Assise*. Quel regard lumineux sur saint François ! Car ce chrétien serein et angoissé, un des principaux disciples de Nietzsche, voit Dieu comme « un chemin montant ». Et quand il parle de « liberté », il veut parfois dire « sainteté ».

Mais en ce moment, je pense d'abord à sa *Lettre au Gréco* où il raconte qu'un jour, sur une île grecque, il entre dans une petite chapelle de campagne et voit une icône de la Vierge Marie que les fidèles ont entourée d'une couronne d'épines. Peu de temps auparavant, ils avaient semé sur ces épines quelques vers à soie qui venaient justement d'éclore. De jolies chenilles en étaient sorties qu'ils nourrissaient tous les jours de feuilles de mûrier. Quand je suis arrivé, explique Kazantzakis, « les vers à soie avaient achevé leur œuvre, ils avaient transformé les feuilles de mûrier, en avaient fait de la soie, et la Vierge était encadrée de cocons d'un blanc éclatant. Ah ! si je pouvais rester devant elle jusqu'au printemps, pensais-je, pour voir les cocons ouverts et la mère de Dieu entourée des

Ceci est ton corps

papillons tout blancs et duveteux, les "âmes" comme les appelle le peuple, avec leurs yeux minuscules et brillants. »

J'ai souvenir qu'il y a quelques années, pour tenter d'évoquer les mutations du christianisme, je t'ai demandé de m'expliquer les mues du ver à soie. Je n'ai jamais oublié ta magistrale leçon d'histoire naturelle. Car si tu enseignais les mathématiques, quand tu parlais des sciences, tes yeux brillaient comme ceux des papillons.

D'abord, il y a l'œuf. Cet œuf que les fidèles grecs ont déposé au bord de leur icône. Il n'est pas plus gros qu'une tête d'épingle.

À l'éclosion, la minuscule chenille – elle mesure quelques millimètres – connaît une première transformation, la mue larvaire ou embryonnaire. En fait, habitée par une faim dévorante, elle mange l'enveloppe de sa prison, son chorion, et marque une pause avant de faire un sort à la feuille du mûrier sur laquelle elle est née.

Complètement rassasiée, l'ingénieuse ouvrière entre en chrysalide comme on entre en religion, recluse dans sa cellule monacale. En fait, par sa lèvre filière et grâce à ses glandes séricigènes, elle sécrète presque continûment le fil de soie qui va

Ceci est ton corps

lui permettre de tisser le cocon. Mais le fil lui sert aussi de passerelle, de corde de rappel... car elle le noue à sa taille pour s'attacher aux nervures d'une feuille ou partir à l'assaut d'une nouvelle montagne. C'est aussi le moment de tous les écoulements et de la seconde mue, la mue lymphale, quand un liquide acide et incolore comme de l'eau (*lympha*) lui sort de la tête.

Durant ce grand branle-bas intérieur où la chenille accouche d'elle-même en quelque sorte, et où certains de ses organes se détruisent pendant que d'autres se construisent, elle connaît une troisième mue, la mue imaginale, d'où émerge le papillon. Quel beau mot, « imaginal », qui appelle l'image, l'imaginaire, l'imagination. Jamais je n'avais compris comme ce jour-là toute la force de l'expression « sortir de sa chrysalide ». Abandonner l'obscurité du tombeau, s'envoler, imaginer...

J'imagine toutes tes mues...

N'es-tu pas couchée en terre comme on se couche en salle de travail, en vue d'un nouvel accouchement ? Qu'est-ce qui se détruit en toi au fond de cette maternité, et qu'est-ce qui renaît ? Une âme toute tremblante va-t-elle sortir de ta chair transformée, les ailes chiffonnées, les antennes et les pattes repliées sur les flancs ?

Ceci est ton corps

Où en est le tissage de ta robe baptismale ? Je te vois bien sécréter un beau fil de soie, continûment, et lancer jusqu'ici une corde de rappel... Mais je sais qu'il ne faut rien précipiter. La chrysalide doit prendre le temps de déchirer son linceul de haut en bas.

À la crèche aussi, un enfant va devoir quitter sa chrysalide. Vous serez deux – au moins ! – quand la mue lymphale se fera imaginale.

Je me réjouis déjà d'accueillir le printemps et de voir les cocons ouverts. On a bien fait de planter au verger un arbre à papillons...

21 février

Un étroit passage...
Avec les amis du Prieuré, nous décidons de célébrer l'anniversaire de ce passage-là, en mémoire des cendres et en mémoire de toi.

Deux personnages se répondent dans les passes de cette liturgie : Tobit, fossoyeur d'occasion, et la navigatrice Isabelle Autissier.

Isabelle, je l'ai rencontrée à Louvain-la-Neuve le 1er février, la veille de son doctorat honoris

Ceci est ton corps

causa. Isabelle-au-long-cours sur tous les océans, quatre fois le tour du monde, toute seule. La grâce d'une conversation au fond d'un café.

Nous parlons de la solitude, de la mort. À un moment, je l'entends encore : « Quand je suis là, tout au bout, je suis tout près. Je communie de manière très forte à l'actualité. Je suis habitée par une grande faim de fraternité. Et quand j'accoste, je n'ai plus qu'un seul désir, être proche, faire amitié, aimer. »

Je risque une évocation de la vie monastique. Elle ne dit pas non... La mer, le désert, *le grand silence* comme à la Grande Chartreuse. Aller loin pour être plus proche. Comme les défunts ? Une tombe... c'est un peu une barque... tout petit dans l'infini de l'océan, dans l'immensité de la mort. La vie surgit dans l'étroitesse d'un tombeau, comme la fraternité grandit dans l'étroitesse d'un bateau. Faudrait-il fréquenter les morts pour se rapprocher des vivants ?

Tobit en est convaincu, deux cents ans avant Jésus-Christ.

Pour mesurer la portée de ce si biblique fait divers, on doit savoir que le roi Sennachérib

Ceci est ton corps

vient de tuer un grand nombre d'Israélites. Et en ce temps-là – comme en ce temps-ci ? –, il est terrible de rester sans sépulture. Tobit ne l'accepte pas. Généreux autant que croyant, il va dérober les corps pour les ensevelir. La police du palais veut démasquer le fossoyeur clandestin. Un voisin le dénonce et Tobit doit se cacher. Le roi lui confisque tous ses biens et cherche à le tuer.

Les années passent. Le roi meurt. Son fils, plus modéré, permet à Tobit de rentrer à la maison. Et il recommence ! Quand quelqu'un est assassiné, exécuté, jeté en opprobre sur la place du marché, à la tombée de la nuit, Tobit creuse une fosse, va chercher le cadavre et l'ensevelit.

Mais il vieillit, Tobit, il devient aveugle, il veut mourir. Alors, il appelle son fils, Tobias, et il lui dicte son testament :

« Tu me mettras dans la terre avec honneur. Tu respecteras ta mère. Tu ne l'abandonneras pas, dans aucun des jours qui lui restent de sa vie. Tu feras tout pour lui plaire. Qu'aucune de tes actions ne la rende triste dans son souffle.

Fils, un jour tu as été dans son ventre : à cause de toi elle a vu le danger. Tu ne

Ceci est ton corps

l'oublieras pas. À sa mort, tu la mettras dans la terre, à mes côtés, dans le même tombeau.
Fils...
Donne selon tes biens. Tu possèdes beaucoup ? Donne beaucoup. Tu as peu ? Ne crains pas de donner selon ce peu. Ce sera ton trésor pour les jours difficiles.
Car la mort recule devant le don[1] »...

25 février

    Un étroit passage...

    Entre
    Une année
    Et une année,

    Entre
    Une pierre
    Et ton nom,

    Entre
    L'Absence
    Et la Présence,

---

1. Tobit 4, 3-10.

Ceci est ton corps

Entre
Le Jour
De la foi
Et la Nuit
De la foi.

Ainsi serait peut-être la lumière des choses,

Un étroit passage,
Un passage imperceptible et fragile

Entre
Ton corps
Et ton Corps,

Entre
Le pain
Et le Pain.

Entre
La mue lymphale
Et la mue imaginale.

La lumière
Serait cet étroit passage,

Ceci est ton corps

Entre
La pierre
Fermée
Et la pierre
Ouverte.

Danse avec la lumière,
Ma tourterelle.
Ton souffle renaît,
Les eaux baissent
Et le printemps revient.

Dans quelques jours,
J'irai planter un rosier sur ta tombe.

Remerciements

L'auteur exprime sa gratitude à Jean Bauwin, Bernadette Jenicot, Muriel Léger, Jean Mortehan et Patrick Tyteca pour leurs suggestions et leur relecture attentive du manuscrit.

DU MÊME AUTEUR

Le Mythe au milieu du village. Comprendre et analyser la presse locale, Bruxelles, Vie ouvrière, 1981.

Dieu et les journalistes (sous la direction de), Paris, Desclée, 1982.

La Puce et les Lions. Le journalisme littéraire (avec Lucien Guissard), Paris, Éditions universitaires – Bruxelles, De Boeck, 1988.

Le Guide des médias (sous la direction de), encyclopédie en 4 volumes, Bruxelles, Kluwer, 1989-1996.

Ces chers disparus. Essai sur les annonces nécrologiques dans la presse francophone, Paris, Albin Michel, 1992 ; nouvelle édition en poche, préface de Jean-Claude Bologne, Bruxelles, Labor, 2002.

Écrire au quotidien. Pratiques du journalisme (avec F. Antoine, J.-F. Dumont, B. Grevisse et Ph. Marion), Bruxelles, Vie ouvrière – Lyon, Chronique sociale, 1995.

Dialogue et liberté dans l'Église (avec Jacques Gaillot), Paris, Desclée de Brouwer – Liège, L'Appel, 1995.

Un peu de mort sur le visage. La traversée d'une femme, Paris, Desclée de Brouwer, coll. « Littérature ouverte », 1997.

La Presse écrite en Belgique (avec J.-F. Dumont et B. Grevisse), Bruxelles, Kluwer, 1998 ; 2ᵉ édition 2002.

L'Évangile d'un libre penseur. Dieu serait-il laïque ?, Paris, Albin Michel, 1998 ; nouvelle édition en poche, Paris, Albin Michel, coll. « Espaces libres », 2002.

La Résistance intérieure, Bruxelles, RTBF Liège, et Alice Éditions, coll. « L'intégrale des entretiens de *Noms de dieux* » d'Edmond Blattchen, 1998.

Une aventure universitaire (sous la direction de), Bruxelles, Université catholique de Louvain et Éditions Racine, 2000.

Éloge de la fragilité, Paris, Desclée de Brouwer – Bruxelles, Éditions Racine, 2000 ; nouvelle édition en poche, Paris, Albin Michel, coll. « Espaces libres », 2004.

Ma part de gravité. Un itinéraire entre Évangile et actualité, Paris, Albin Michel, 2002.

Chemins de spiritualité. Jeunes en quête de sens (avec L. Albarello, J. Beauduin, G. Haarscher *et al.*), Paris, Desclée de Brouwer – Bruxelles, Éditions Racine, 2003.

Et je serai pour vous un enfant laboureur. Retourner l'Évangile, Paris, Albin Michel, 2006.

Composition Nord Compo
Impression Bussière, août 2008
Éditions Albin Michel
22, rue Huyghens, 75014 Paris
www.albin-michel.fr
ISBN : 978-2-226-18295-1
N° d'édition : 25712 – N° d'impression : 082184/1
Dépôt légal : septembre 2008
Imprimé en France.